Universale Economica Feltrinelli

RENATA SCOLA
FRANCESCA VALLA

S.O.S. TATA

Tutti i consigli, le regole e le ricette
delle tate per crescere ed educare
bambini consapevoli e felici

Feltrinelli

Prima edizione nell'"Universale Economica" luglio 2011

Stampa Nuovo Istituto Italiano d'Arti Grafiche - BG

ISBN 978-88-07-72204-2

Indice

Ai numerosi bambini che in tutti questi anni
ci hanno permesso di formare e arricchire le nostre vite
e le nostre esperienze professionali.
Grazie a tutti coloro che con le loro riflessioni
hanno contribuito ad approfondire la comprensione
del mondo dell'infanzia.
Grazie a tutti i piccoli e meno piccoli
che ci hanno dato tanto senza saperlo!

Introduzione

Caro lettore, cara lettrice, siamo tata Francesca e tata Renata della trasmissione televisiva *S.O.S. Tata*.

Al rientro da una delle nostre incredibili missioni, mentre ci rifocillavamo con una super merenda, è nata l'idea di scrivere un libro... di ricette! Ebbene sì, ricette per l'infanzia, con tanto di livello di difficoltà e ingredienti per ogni tipo di problematica: vedrete che non mancheranno mai tenacia, pazienza, un pizzico di fantasia e tanto, tanto amore.

Abbiamo affrontato diversi temi: dalle esplosioni di rabbia dei bambini alla difficoltà dei genitori nel gestirli, dal "problema" del lettone alla gelosia tra fratellini, dall'autonomia al vasino al tema della pappa... Problemi reali, insomma, che voi educatori dovete affrontare ogni giorno. Ci rivolgiamo a insegnanti, genitori ed educatori (professionali e non), ma in generale a tutti voi che vi trovate a interagire con bambini e ragazzi e desiderate che crescano sereni in un ambiente familiare armonioso.

Vorremmo entrare con discrezione nella vostra casa e aiutarvi con pochi semplici consigli nel vostro percorso educativo. Vi suggeriremo come fortificare la vostra competenza, sicurezza e autostima. Vi aiuteremo a capire l'importanza di certe scelte che a prima vista appaiono irrilevanti. Scoprirete come motivare i bambini e valorizzarne le doti, perché abbiano fiducia in voi e credano di più in loro stessi.

Lo scopo di questo nostro lavoro è quello di proporvi non solo consigli pratici attraverso esempi concreti, ma anche domande, curiosità, spunti di riflessione e – perché no? – attività e giochi per intrattenere i vostri bimbi e trascorrere al meglio i preziosi momenti di vita insieme. Non solo: vi racconteremo anche un po' di noi e della nostra settimana in famiglia!

Tutti i nostri suggerimenti e consigli sono il frutto di anni di esperienza e ricerche nel settore dell'educazione, e ognuna di noi ha dato il suo contributo a questo libro.

Ma ogni bambino è diverso dagli altri per attitudini, esigenze e comportamenti, e le famiglie non sono certo tutte uguali. E poi capita spesso che anche le teorie educative siano discordanti. Il nostro obiettivo in tal senso è quello di proporvi non un metodo educativo valido in assoluto, non un prontuario di rimedi per tutte le situazioni, ma gli strumenti per iniziare a porvi voi stessi delle domande e cercare le vostre risposte.

L'impegno educativo richiede una grande elasticità e un continuo adattamento nelle diverse età della crescita. Ricordatevi sempre che non esiste la perfezione, tanto meno nel difficile compito di genitori ed educatori. Per crescere il vostro bambino in totale armonia è necessario prima di tutto dimostrargli di amarlo incondizionatamente, rispettando la sua individualità e lasciandolo libero di sperimentare e anche di sbagliare, così come voi dovrete concedervi di imparare dai vostri errori.

Siete pronti per iniziare? Come i grandi cuochi dosano e combinano sapientemente gli ingredienti per creare piatti squisiti, così voi con l'aiuto delle nostre ricette imparerete a destreggiarvi con perizia e fantasia nel coloratissimo universo infantile, e riuscirete a far crescere i vostri piccoli liberi e felici.

Buona lettura e buon divertimento!
Vostre,
Francesca e Renata

Come leggere questo libro

Appuntati qua e là con la **spilla da balia** troverete i consigli generali e le teorie dei grandi pensatori.

L'**orsacchiotto** vi indicherà i suggerimenti pratici, i piccoli stratagemmi da adottare nella vita di ogni giorno.

La **paperella** segnala che è arrivato il momento delle curiosità.

La ricetta delle Tate:

Ed eccoci alla ricetta delle Tate, con tanto di ingredienti e livello di difficoltà!

- Facilissima, non richiede sforzi*
- Facile, ma con impegno
- Bisogna lavorarci un po'...
- La cosa si fa complicata...
- Difficile, ma ce la farete!

* Attenzione, forse non troverete ricette facilissime. Il compito di educatori richiede sempre impegno e tanta attenzione!

"Il bambino", "il vostro bimbo" ecc.: in questo libro parliamo al maschile, ma ovviamente ci riferiamo anche alle bambine!

prima parte

pronti, partenza... via!

1. La famiglia

Esiste la famiglia perfetta?

L'ambiente ideale per la crescita di un bimbo è la famiglia.

Con questo termine non intendiamo necessariamente ed esclusivamente quel nucleo composto da individui chiamati "mamma" e "papà", ma in generale l'unione di più persone che accudiscano e crescano, con amore, il bambino.

La famiglia rappresenta il primo contesto con il quale il bimbo viene in contatto. In quanto organismo sociale, da noi in Occidente la famiglia è in evoluzione continua da oltre duecento anni: dopo essere rimasta più o meno uguale a se stessa per tutto il Medioevo e buona parte dell'età moderna, ha subìto tutte le modificazioni dettate dall'incredibile accelerazione che c'è stata a partire dalla Rivoluzione industriale. Oggi la sua struttura e le sue funzioni sono molto cambiate rispetto a cent'anni fa. Per esempio esistono famiglie costituite da un solo genitore (famiglia monogenitore), da più genitori (famiglia allargata), da genitori affidatari o adottivi, da nonni, da coppie omosessuali o da educatori all'interno di comunità. In qualità di educatori, dobbiamo prendere atto di queste diversità, senza mai dimenticare che il nostro obiettivo è esclusivamente quello di agire per il benessere del bambino.

Nella nostra esperienza di tate abbiamo avuto modo di confrontarci con differenti tipologie di famiglie e siamo giunte alla conclusione che in ogni famiglia ci sono punti di forza e punti di debolezza. È giusto imparare a riflettere serenamente su ciò che siamo e sugli aspetti che vogliamo migliorare.

Ogni educatore vorrebbe che il proprio bambino crescesse sempre senza problemi. E invece, cari genitori ed educatori, la crescita presuppone anche la sperimentazione della crisi, della difficoltà e della fatica. Sappiate però che non mancheranno neppure le soddisfazioni nell'affrontare e superare brillantemente le varie "prove".

Ci possono essere contesti familiari più o meno favorevoli, ma per tutti esiste sempre e comunque un margine di miglioramento. Accontentatevi quindi di essere, come suggerisce lo psicologo Donald W. Winnicott*, genitori "abbastanza buoni".

Il regno della differenza

La famiglia è un nucleo in cui ognuno riveste un ruolo diverso. La sua dimensione unitaria è caratterizzata proprio dalla differenza. Unità nella diversità, dunque. Le differenze sono molte; per esempio, dal punto di vista anagrafico, esistono due figure: quella dell'adulto e quella del bambino. Poi ci sono le differenze riguardanti il genere (maschi e femmine) e quelle più specificamente personali: ognuno di noi è un essere unico e irripetibile. Tutte queste differenze – tra i fratelli, tra genitori e figli, tra adulti e bambini – vanno salvaguardate perché sono un bene prezioso.

---

* Donald Woods Winnicott (1896-1971), pediatra e psicanalista inglese. È suo il concetto di "madre abbastanza buona", riferito alla madre che si prende cura del bambino in modo creativo e adattandosi a lui, non il contrario.

Il problema nel quale spesso ci imbattiamo è lo sconfinamento dei ruoli. È un aspetto pericoloso, in quanto tende a confondere i bambini e a creare difficoltà negli adulti. Invece è bene che gli adulti siano coscienti e rispettosi di queste diversità e del fatto che il loro ruolo deve essere necessariamente differente.

Molto spesso abbiamo notato che i bambini si "adultizzano": si sentono cioè caricati di enormi responsabilità, vengono abbandonati a loro stessi nelle scelte oppure vengono resi partecipi delle tensioni e delle problematiche che dovrebbero essere proprie degli adulti. Il ruolo dell'adulto è essere guida e sostegno, mentre quello del bambino è essere un bambino. Sembra scontato, eppure non sapete quanto facilmente ci si dimentichi questo concetto.

Più l'adulto è consapevole del proprio ruolo, più il bambino può permettersi di essere bambino. Ed essere bambino significa potersi affidare all'adulto, seguire le sue indicazioni, avere piccole responsabilità, che siano però adeguate all'età, in modo da imparare poco a poco dalla migliore delle maestre: la vita.

La ricetta delle Tate:

Mantenere il ruolo

Ingredienti:

- rispetto
- costanza e tenacia
- consapevolezza
- coerenza

(continua)

tanta dolcezza

- Create stabilità emotiva e sicurezza nel bambino: questo gli consentirà di sperimentare e vivere serenamente la sua età.
- Respirate, toccate e sentite i bisogni dei vostri bambini. Non dimenticate che un vero rapporto talvolta implica anche frustrazione, conflitti e contrasti che comunque non compromettono l'armonia e l'amore.
- Cercate di dare con dolcezza ma con fermezza tanto i sì quanto i no, motivandoli tutte le volte che potete.

Lasciate che i bambini sperimentino anche l'insuccesso: questo li aiuta a prendere coscienza della realtà e a capire che esistono dei limiti. Siate i primi ad accettare i momenti di armonia e disarmonia nella relazione e fate in modo che anche loro lo facciano: è normale che la crescita non proceda linearmente. E voi educatori prendete atto di queste situazioni e preparatevi a crescere insieme ai vostri bambini.

Ricordate la vostra infanzia?

Eravate in cortile (che fortuna averlo vissuto!) e, dopo aver giocato per ore e ore felici e spensierati, al grido di "A casa, si mangia!" dovevate interrompere il gioco. Che peccato poterlo riprendere solo il giorno successivo...
Tenete a mente tutte quelle sensazioni vissute, perché è un modo per avvicinarsi da adulti all'infanzia e riconoscere le esigenze dei bambini. Forse non potrete regalare anche a loro quel "cortile", ma potreste permettergli di dare vita a un nuovo "spazio" nel quale sperimentare e assaporare sensazioni ed emozioni significative.

2. Educhiamoci!

Una strada da percorrere insieme

"Educarsi" significa riflettere sul proprio percorso educativo (nel ruolo di genitore o educatore) e cercare il giusto approccio per seguire la crescita dei propri bambini con serenità e razionalità. Perché ogni obiettivo educativo va perseguito con ordine e chiarezza, e noi proveremo a darvi alcune indicazioni utili per affrontare il vostro difficile ma meraviglioso compito.

> Ricordate sempre, prima di iniziare a lavorare, di riflettere in modo approfondito su due parole: "amore" e "rispetto".
> Ora chiudete il libro e prendetevi un po' di tempo. Vedrete che questa riflessione vi metterà sulla buona strada.

È fondamentale che gli adulti siano disposti a considerare loro stessi come parte in causa nelle difficoltà del bambino.

Spesso quando entriamo in una famiglia sentiamo affermazioni come: "Per fortuna è arrivata la Tata... ora, bimbi, vedrete come vi mette in riga!" In verità, la Tata aiuta tutta la famiglia, e chi dovrà lavorare di più sono proprio gli adulti perché dovranno mettersi in discussione e riprendere in mano il proprio progetto educativo.

Spesso sentiamo dire: "Io non capisco perché fa così!", o "Mia figlia è cambiata", o ancora "Ho fallito nell'educazione".

Insomma, all'improvviso ci troviamo in grande difficoltà. Da un giorno all'altro non siamo più in grado di capire dove ci troviamo e chi abbiamo di fronte.

È difficile educare il bambino se non riprendete in mano il rapporto che avete con lui. Come? Mettetevi in discussione e non date per scontato il vostro rapporto, che va nutrito costantemente. Quindi non smettete mai di ascoltare il vostro bambino e soprattutto di osservarlo con costanza e continuità. Questa operazione farà sì che l'immagine che avete di lui si modifichi e si aggiorni. Ecco come fare:

La ricetta delle Tate:

Nutrire costantemente il rapporto

Ingredienti:

- coinvolgimento
- amore
- rispetto
- tempo
- un pizzico di fantasia

- Date valore ai momenti in cui state insieme, perché sono momenti unici che non torneranno più. Viveteli sempre con questa consapevolezza.
- Cercate di creare, nell'arco della giornata, momenti di

(continua)

"chiacchiere", di "divertimento", di "gioco": vedrete che il vostro rapporto ne trarrà giovamento.

- Nella relazione diventa poi fondamentale miscelare l'amore con il rispetto. Amate rispettando e nel rispetto continuate ad amare.

Quando si pensa al rispetto, ci si limita sempre all'espressione "bisogna rispettarsi!" Ma che cosa vuole dire? Come la si può declinare in pratica? Rispettare il proprio bambino significa seguire e accogliere i suoi bisogni, accettare le sue caratteristiche, i suoi limiti e le sue attitudini personali. Fate in modo che il vostro bambino abbia la possibilità di sviluppare la propria individualità. Non cadete nell'errore di pensare che sia il vostro prolungamento e non sostituitevi a lui. I bambini sono persone; e le persone sono tutte uniche. I vostri figli sono diversi da voi per bisogni, esigenze e comportamenti. Questo non li rende né migliori né peggiori. Sono semplicemente diversi. Il vostro compito è di notare queste diverse esigenze, ascoltandoli e amandoli comunque.

Ricordate che educare deriva dal latino *educere*, accompagnare fuori; in termini pratici, l'operazione significa saper valorizzare le caratteristiche individuali "guidando" la persona a scoprire se stessa.

L'osservazione

L'osservazione è uno strumento educativo fondamentale che offre a noi tutti la possibilità di comprendere personalità e capacità del bambino al fine di creare un rapporto educativo costruttivo. C'è una notevole differenza tra *vedere* e *osservare*: l'osservazione presuppone un coinvolgimento emotivo che ci permette di capire più in profondità, cogliendo particolari che prima sembravano invisibili.

È molto difficile osservare il bambino senza attribuirgli qualcosa delle nostre emozioni e intenzioni.

Non c'è osservazione senza scelta né senza una relazione, implicita o no.

H. Wallon

Meglio scegliere, quindi, di osservare invece di limitarsi a guardare, perché in questo modo vi metterete nelle condizioni di creare una relazione esclusiva e privilegiata con il vostro bambino. Osservare – così come ascoltare – significa dare un significato a ciò che si osserva (e si ascolta). Osservando, si individuano problemi, difficoltà, potenzialità e attitudini; questo ci permette di sfuggire all'improvvisazione educativa che spesso disorienta e fa confondere i ruoli.

L'osservazione aiuta a conoscere e comprendere il bambino, a sintonizzarsi sui suoi reali bisogni e a porsi in modo costruttivo nei suoi confronti.

La cameretta

Vi siete accorti che il vostro bambino gioca sempre in cucina, nonostante abbia una stanza tutta sua. A questa osservazione ponetevi una domanda: "Perché?" In questo caso, i motivi possono essere molteplici, per esempio:

- La cucina è il luogo più caldo e accogliente
- In cucina ci siete voi
- La cucina è lo spazio più vissuto

(continua)

- La sua stanza è "fredda"e isolata
- La cucina è lo spazio di ritrovo per la famiglia
- In cucina durante il gioco può avere la vostra partecipazione
- In cucina può trovare oggetti e utensili utili al suo gioco
- In cucina ci sono spazi diversi e interessanti
- Perché non sente suo lo spazio della cameretta
- Perché la considera una stanza solo per dormire
- Perché nella sua cameretta non ci va mai nessuno e si sente solo
- Perché è un luogo che deve essere sempre in ordine e quindi asettico

Ora rispondete a queste domande:

1. Che cosa osservo? (Osservazioni programmate e osservazioni casuali)
2. Che cosa noto?
3. Perché si comporta così? (Cercare tutte le possibili risposte)
4. Quale significato ha ciò che ho appena osservato?

Esistono due tipi di osservazione: le osservazioni programmate e quelle casuali. Le osservazioni programmate sono intenzionali e fanno parte di una vera e propria strategia: capire come intervenire nelle varie situazioni sulla base delle caratteristiche del bambino. Quindi potrete decidere di osservare sia uno specifico aspetto del bambino sia, in generale, un preciso momento.

Iniziate a osservare come si comporta il vostro bambino e come reagisce di fronte a certi stimoli. Scrivete e, a distanza di tempo, rileggete: in questo modo, avrete modo di metabolizzare certe riflessioni che con il tempo possono fornire utili indicazioni sul giusto approccio educativo. Il confronto con l'altro adulto coinvolto nel progetto educativo diventa poi fondamentale per l'analisi e l'eventuale strategia di intervento da utilizzare.

Le osservazioni casuali non fanno invece parte di un piano "strategico": sono tutte quelle osservazioni che vi capita di fare nell'arco della giornata; ma sono altrettanto fondamentali: attraverso di esse, le informazioni che avete raccolto, quasi senza volerlo, vengono analizzate, ed è così che spesso costruiamo impressioni e interpretazioni.

Ogni istante è prezioso. Osservate sempre il vostro bambino nei vari momenti della giornata. Dopo aver osservato non dimenticate di chiedervi "perché?"

Ascolto e comunicazione

Anche l'ascolto è uno strumento di importanza primaria; tra sentire e ascoltare corre una differenza enorme. Il primo è un atto che può essere in sostanza passivo e che non implica necessariamente una nostra reazione: anche un registratore "sente". Ascoltare implica invece un'interazione con chi parla o comunica e comporta sempre un certo grado di empatia.

La ricetta delle Tate:

Ascoltare e osservare

Ingredienti:

- costanza
- coinvolgimento
- amore

(continua)

- Scrivete su un quaderno ciò che osservate e ascoltate.
- Non interrompete e non intervenite subito.
- Analizzate l'insieme, poi concentratevi su un aspetto che desta il vostro interesse.

Come si ascolta

Riusciamo ad ascoltare i bambini senza interromperli? Li ascoltiamo, davvero, fino in fondo? Riusciamo a non prendere subito posizione, a non esprimere giudizi? I bambini hanno bisogno di essere ascoltati: la paura di sbagliare, la difficoltà di stringere nuove amicizie, la gioia di una partita vinta sono tutti avvenimenti o situazioni importanti da raccontare a chi si vuole bene. E voi avete il dovere di esserci.

Sminuire i problemi o ascoltare distrattamente sono atteggiamenti che creano sfiducia nelle relazioni. Ascoltare significa anche prendere coscienza di ciò che il vostro bambino dice senza "mettere davanti" la nostra esperienza o esprimere il nostro punto di vista.

Per ottenere più attenzione da parte del bambino in situazioni di tensione, bisogna prestare attenzione al suo messaggio, riformulando a parole nostre ciò che abbiamo ascoltato (specialmente i suoi sentimenti) prima di esprimere i nostri bisogni o la nostra posizione.

Ascoltare i pensieri e i sentimenti del bambino non significa necessariamente approvare le sue azioni o essere d'accordo con lui, né accettare di fare tutto ciò che ci chiede di fare. "Ascoltare" significa accogliere in modo aperto e disponibile il suo messaggio, così che il bambino percepisca che vi sta a cuore ciò che dice e ciò che prova a prescindere dalle vostre idee.

Seguire la narrazione degli episodi che il bambino racconta non significa ascoltarlo davvero. Quando un bambino è preoccupato, triste o in difficoltà, non sempre ha la capacità di esprimere la sua emozione o disagio in un codice decifrabile dall'adulto. È necessario "sintonizzarsi" sul versante emozionale per ascoltare e farsi ascoltare. Spesso tendiamo a sminuire o a nascondere le nostre emozioni, considerandole un intralcio piuttosto che una risorsa.

La ricetta delle Tate:

Educare alle emozioni

Ingredienti:

- tempo
- pazienza
- amore
- tanto coinvolgimento

- Scegliete possibilmente uno spazio silenzioso e comodo dove comunicare.
- Ponetevi in atteggiamento di ascolto e chiedetevi: "Che cosa cerca di dirmi?"
- Ascoltate e rispettate le sue idee e i suoi pensieri.
- Aiutatelo a conoscere e riconoscere le sue emozioni (positive e negative).
- Guidatelo nel gestire e affrontare le sue emozioni, dando il buon esempio.
- Rievocate emozioni simili vissute in passato, sottolineando le analogie con la situazione presente.

Il diario

Consigliamo a tutti gli educatori, siano essi genitori, tutori o adulti demandati alla cura e alla crescita del bambino, di tenere un diario su cui riportare le osservazioni fin qui indicate. Appuntate età del bambino, data, ora, luogo, tipo di osservazione, risposte possibili, interpretazioni, riflessioni, confronto e scelta di un obiettivo educativo condiviso e/o da condividere.

Non esagerate!

Che si tratti di un avvenimento positivo ("Bravissimaaa! Hai mangiato tutta la pappaaaaa!) o negativo ("Guarda che se non mangi, ti ammali e vai in ospedale"), non esagerate nel manifestare il vostro consenso o la vostra disapprovazione. Soprattutto nel secondo caso, farsi prendere dall'ansia o dal panico non serve a molto, anzi mina la fiducia che il bambino ripone nei "grandi".

Sappiate dosare sempre le parole. Hanno molto più peso di quanto noi immaginiamo.

Non chiedete sempre perché

Il più delle volte è inutile cercare di riportare nella nostra sfera razionale il comportamento dei bambini: loro spesso agiscono in maniera impulsiva, per istinto oppure semplicemente per desiderio di scoperta, per curiosità.

Agiscono dunque in modo inconsapevole rispetto alle conseguenze dei loro gesti. Se rompono un piatto o se rovesciano un vaso, non facciamoli sentire in colpa; piuttosto, cerchiamo di attirare la loro attenzione sull'accaduto anche verbalizzando, spiegando le motivazioni per cui certi gesti non vanno fatti, rendendoli partecipi e via via più consapevoli.

Se il vaso si è rotto, fatevi aiutare a raccogliere i cocci e approfittatene per farvi raccontare l'accaduto e per spiegare il perché certi gesti possono diventare anche pericolosi. Per esempio: "Certo che per rompersi deve aver fatto proprio un bel volo... Hai visto com'è successo?"

Sia ben chiaro che questi consigli non implicano che d'ora in avanti non dobbiate più chiedergli spiegazioni. Ma cercate sempre di privilegiare la domanda "come è successo?" a "perché l'hai fatto?" Questo modo di porvi favorirà l'apertura al dialogo ed eliminerà i sensi di colpa.

Incoraggiare l'autostima del vostro bambino

A volte, tendiamo a sottolineare ciò che non approviamo: "Sei sempre il solito disordinato!", oppure: "Perché devi essere sempre così egoista?" Non dimentichiamo, però, che il bambino, a differenza dell'adulto, non possiede meccanismi di difesa suoi che gli permettano di difendersi dai colpi inferti alla sua autostima.

Dosate dunque i rimproveri: i bambini sono molto vulnerabili a tutti i commenti che minano il senso del loro valore.

L'autostima non è qualcosa che si possiede dalla nascita, è un valore – un sentimento – che viene via via assimilato attraverso gli adulti di riferimento (genitori, insegnanti, educatori, ecc.) e l'interazione con il mondo esterno.

La ricetta delle Tate:

Incoraggiare l'autostima

Ingredienti:

- costanza
- tempo
- coerenza
- dolcezza

Per incoraggiare l'autostima del vostro bambino:

- Ascoltatelo dimostrando il vostro coinvolgimento.
- Educatelo aiutandolo a sperimentare il successo, ma anche l'insuccesso; in questo modo capirà i suoi limiti e le sue potenzialità.
- Concedetegli autonomia proporzionata alla sua età.
- Dimostrategli amore e affetto a prescindere da tutto.
- Mostrategli un'immagine positiva di voi, dando sempre il buon esempio.

L'autostima

Purtroppo molto spesso i bambini vengono educati a essere come voi li vorreste; loro si adeguano e vi assecondano perché vi amano, anche se hanno caratteristiche o inclinazioni differenti: le vostre aspettative, le vostre richieste e le vostre parole fanno sì che mettano in secondo piano il loro io. È la tipica situazione che mina alla base la loro autostima.

Prestate attenzione al vostro modo di comunicare

Non dimenticate mai che voi siete il suo riferimento, con tutte le responsabilità che questo comporta. Facciamo un esempio: se siete abituati a gridare, molto probabilmente vostro figlio imparerà a gridare e a utilizzare questa modalità come metodo di comunicazione.

Se volete che vostro figlio si comporti verso di voi in un certo modo, è opportuno mettere sempre in atto voi stessi il tipo di atteggiamento che richiedete da lui.

Ricordate sempre che il bambino impara dai vostri comportamenti.

> Per comunicare efficacemente con il vostro bambino, contenete il volume della voce, mettetevi di fronte a lui guardandolo negli occhi, verbalizzate il vostro stato d'animo ("Sono molto arrabbiata e dispiaciuta...") spiegando in modo chiaro l'accaduto. Siate coerenti e onesti. Lo saranno anche loro con voi.

Ricordate anche che è fondamentale comunicare amore: vostro figlio deve sentirsi amato non solo perché voi sapete di amarlo, ma soprattutto perché glielo dite.

> Comunicate il vostro amore con gesti, parole e atteggiamenti. Ogni momento può essere quello giusto per dire: "Sai che ti voglio bene?"

Il progetto educativo

Giunti a questo punto, avete imparato a "osservare", avete imparato ad "ascoltare" e avete stabilito un codice di comunicazione con il vostro bambino. Molto bene! Ora è il momento di pensare al progetto educativo.

Il progetto educativo nasce già dal vostro proposito di essere incisivi e attivi nell'educazione dei vostri bambini. La base di un buon progetto educativo è costituita dalle osservazioni che, abbiamo visto, vanno raccolte, registrate, interpretate e discusse insieme. Insieme, sì. Insieme all'altro adulto se siete una coppia o insieme ad altri educatori se siete educatori a vostra volta, o tutori, o genitori single.

Se si ha la fortuna di avere un altro adulto al proprio fianco, è bene definire sin dall'inizio le priorità del progetto educativo. Se siete soli a curare l'educazione, sappiate che il compito è sicuramente più difficile, ma non è certo impossibile. Non demordete: proprio in questo caso può essere molto utile confrontarsi con altri adulti e scambiarsi opinioni e consigli.

Il confronto con altri educatori è fondamentale e vi darà sempre utili indicazioni su come agire.
In generale ciò che pensate sia giusto fare in un determinato momento probabilmente è davvero la cosa giusta. Sappiate però che il confronto con un altro adulto allargherà le vostre prospettive o porterà alla luce considerazioni che per una ragione o per l'altra non avevate elaborato.
Il confronto aumenta sempre le opzioni.

La ricetta delle Tate:

Costruire un progetto educativo

Ingredienti:

amore
coinvolgimento
tempo
tenacia

- Definite i vostri ruoli educativi e dividetevi i compiti. Stabilite che cosa volete ottenere e come pensate di agire (modalità, strumenti, tempi e spazi).
- Ascoltate le idee e i pensieri dell'altro e imparate a rispettarli anche se non li condividete. Dovete essere una squadra, in cui ognuno darà il suo apporto. La differenza stimolerà il confronto e moltiplicherà le modalità di intervento.
- Create un linguaggio comune, dando priorità ai vostri obiettivi.
- Siate coerenti nell'educare. Cercate di mantenere fede ai vostri intenti educativi. Ricordate di dare sempre il buon esempio.
- Curate quotidianamente il vostro rapporto e valorizzate le emozioni. Ogni relazione si basa sulle emozioni: non smettete di ascoltarle.

Stabilite le regole

Una regola nasce dal vostro codice etico e morale. Ciò che voi ritenete importante diventerà la regola.

Stabilite insieme al bambino poche regole che siano adeguate alla sua età.

La presenza di regole fornisce ai bambini la percezione di stabilità e di ordine nel mondo che li circonda. Questo è un elemento fondamentale per sviluppare la propria sicurezza.

Spesso i genitori affermano: "Io do le regole... è mio figlio che non le rispetta. Glielo dico sempre, ma è lui che non mi ascolta". Ma il messaggio che inviamo al bambino ogni volta che rinunciamo a fargli rispettare le regole è: "Io non sono più in grado di farmi ascoltare. Peggio per te, io ti ho detto che cosa si deve fare".

E invece è peggio per tutti, perché il bambino per crescere ha bisogno di punti di riferimento, di paletti, di limiti. Rispetto a noi adulti, i bambini hanno certamente bisogno di tempi più lunghi per interiorizzare una regola e comportarsi di conseguenza. Quindi rispettate i loro tempi senza diventare troppo permissivi o intolleranti. Meglio un atteggiamento equilibrato: non mettetevi a urlare. Spesso, quando i piccoli non seguono le regole e non si comportano come vorreste, viene istintivo alzare la voce – talvolta anche le mani – e proibire giochi o televisione solo in un secondo tempo. Credete, la situazione non si risolve in questo modo. Abbiamo visto come un progetto educativo si basi su scelte chiare e coerenti e non su avvenimenti casuali.

Dato che il bambino può non capire subito la regola, chi lo educa può aiutarlo dandogli istruzioni specifiche e non vaghe. "Se metti a posto i tuoi giochi, è più facile trovarli e la mamma è contenta" è molto più efficace di "non farmi arrabbiare!"

Cercate di dare un'istruzione per volta ("Vestiti" e non: "Lavati, vestiti, prepara i libri"). Ricordate di ripetere anche più volte le regole senza nervosismo.

Il nostro esempio, poi, ha più potere di mille parole. Più siamo capaci di incarnare modelli positivi, più saremo capaci di assolvere al nostro compito di genitori ed educatori.

Tirare le somme

Avete osservato, ascoltato, progettato e dato le regole?

Ora manca la parte conclusiva, quella della raccolta dei risultati e la valutazione del percorso intrapreso. In questa fase, valutate se il vostro intervento è stato proficuo e se così non fosse aggiustate il tiro, cercando di capire dove avete sbagliato e come poter rimediare. Ricordate che spesso da un insuccesso possono nascere spunti e sviluppi interessanti.

Leggete, rivedete, valutate il lavoro fatto per conoscere meglio voi stessi e i vostri bambini. Questa riflessione vi permetterà di capire come dosare sapientemente gli interventi e rendere più significative le vostre scelte.

E sappiate che la cosa più importante – i risultati arriveranno! – è aver intrapreso il percorso giusto.

A questo punto, cari genitori ed educatori, non ci rimane che augurarvi buon lavoro!

seconda parte

passo dopo passo...

3. Si mangia!

Nutrire il corpo e non solo

Il momento del pasto è per il bambino la prima occasione di scambio con il mondo esterno e ha delle implicazioni profonde, in particolare il desiderio e il bisogno di relazione con la persona che si occupa di lui. Chi gli offre il biberon o il seno fa sì che il piccolo si senta accolto e importante; a sua volta, il bambino che accetta le sue attenzioni e si sazia risponde e partecipa a questa ricerca di comunicazione, di scambio.

Il contatto fisico, lo sguardo, gli odori e i suoni che accompagnano il momento del cibo sono importantissimi per i bambini. Il nutrimento – con la stimolazione di tutti i sensi – favorisce la presa di consapevolezza del piccolo e aiuta l'adulto a sentirsi parte necessaria della relazione.

Non pensate: "Tanto è piccolo, non capisce". Non è affatto così: i bambini, anche quelli più piccoli, registrano tutte le sensazioni provate... Quindi fate attenzione: create un rapporto sereno con i vostri bambini, e non sottovalutateli, perché sono dotati di una grande sensibilità e per questo percepiscono tutto con l'emotività ancora prima che con la ragione.

Il cibo come conforto o forma di ricatto

È molto importante che i bambini imparino a riconoscere lo stimolo della fame. Se sin dallo svezzamento abituiamo i bambini a terminare il pasto, sottolineando il fatto che così ci faranno contenti, loro finiranno per considerare il cibo solo come un modo di accontentare chi si occupa di loro.

Ecco perché non è bene caricare i bambini di responsabilità eccessive, usando frasi come: "Se non mangi, io non posso essere felice, mi fai solo preoccupare!"

Siate sereni e cercate di dare la giusta importanza al cibo. Più caricate d'ansia il momento del pasto, per il timore che il vostro bambino non mangi, più vi renderete vulnerabili nei suoi confronti.

Quando il bambino comprende il suo potere – "Mangio o non mangio? Lo accontento o no?" –, potrebbero crearsi pericolosi meccanismi di ricatto nei confronti dell'adulto, e i cattivi comportamenti per attirare la sua attenzione sarebbero all'ordine del giorno. Pensate a scene come queste: il bambino rifiuta il cibo, urla e rovescia il piatto e il bicchiere; sta davanti alla sua pietanza con aria annoiata e distratta; mentre gli si avvicina la posata alla bocca, inarca la schiena e getta la testa all'indietro; scoppia in lacrime; rifiuta sistematicamente tutto ciò che gli viene proposto: il bavaglino, il biberon, il piatto, il cibo…

Sono tutte manifestazioni di bisogno di attenzione, segnali della volontà di mettere alla prova gli adulti. I bambini sono sempre alla disperata ricerca di punti di riferimento, e la mancanza di regole chiare crea in loro un senso di profondo smarrimento.

La poppata

Quando si allatta al seno, si è molto ansiosi e desiderosi di conoscere la quantità di latte che il bimbo ha ingerito. Ma non è sempre possibile pesarlo prima e dopo la poppata, e non è nemmeno necessario. Ascoltate le sue richieste e abituatevi a pesarlo tutte le settimane con regolarità, così avrete sotto controllo la sua crescita. Generalmente i piccoli si regolano con una certa autonomia. L'unico inconveniente potrebbe essere che il vostro bambino si addormenti prima di aver poppato a sufficienza: dopo neanche due ore sarà nuovamente alla ricerca del suo latte! Non preoccupatevi, a volte basta qualche carezza perché si svegli e riprenda a mangiare. Altrimenti, armatevi di pazienza e siate serenamente a sua disposizione per questo primo periodo. Più in là andrà meglio: si stancherà meno durante la suzione e porterà a termine la poppata completa.

Le persone che nutrono artificialmente il bambino devono essere per quanto possibile sempre le stesse; meglio limitarne il numero: troppe braccia potrebbero creargli un senso di smarrimento.

Tenete presente che all'inizio le poppate saranno ogni tre ore circa, per poi diradarsi con il passare dei mesi.

Ecco alcuni accorgimenti:

- Assicuratevi che il pannolino sia pulito prima del pasto, perché altrimenti il piccolo potrebbe esserne infastidito e non collaborare serenamente al suo nutrimento.
- Cercate per quanto possibile di creare un ambiente tranquillo e relativamente silenzioso. I neonati hanno bisogno di assorbire uno stimolo alla volta.

- Parlategli durante la poppata: il suono della vostra voce lo rassicura. Anche il momento del "ruttino" è importante.
- Nel caso in cui chi si occupa del bambino non fosse la mamma naturale, deve cogliere quest'occasione per farsi conoscere. È importante cercare di mantenere sempre lo sguardo rivolto verso di lui mentre mangia.
- Accarezzatelo delicatamente. Il bambino ha bisogno di sentirvi.

Ovviamente con il biberon la gestione pratica si semplifica ed entrano in gioco l'altro genitore o le altre figure familiari.

> Nel primo anno di vita in genere il bambino triplica il suo peso e cresce in altezza del 50% circa.

Non di solo latte...

Il cibo non è sempre la soluzione al malessere del neonato.

Quando un neonato piange, non associate subito al pianto una necessità di tipo alimentare: può trattarsi anche del bisogno di sentirvi vicini, o forse il pannolino è sporco.

Se cercate di consolarlo solo con il cibo, il bambino potrebbe avvertire l'importanza attribuita al fatto che mangi e correrete il rischio che nasca una relazione basata unicamente sul cibo. Invece ci sono molti modi di stare insieme: se canterete per lui, gli parlerete e userete il contatto fisico, arricchirete il vostro rapporto.

Proporre subito il latte come soluzione al suo pianto può trasmettere al neonato l'idea che la sensazione di fastidio o disagio che avverte possa essere risolta solo con il cibo. Si rischierebbe così di dare al cibo un valore e un significato distorti, e questa potrebbe diventare un'abitudine pericolosa.

Non lasciatevi prendere dal panico di fronte al pianto del neonato: concedete a lui l'occasione di un sano pianto liberatorio e a voi il tempo di imparare a conoscerlo.

Lo svezzamento

Lo svezzamento è il periodo transitorio in cui il latte smette di essere l'unico alimento per il bambino, e viene gradualmente sostituito con alimenti semisolidi e poi solidi. Lo svezzamento, dunque, non è un singolo momento, ma un processo che di solito dura qualche mese.

È anche il periodo durante il quale si educa il bambino al contatto con nuovi gusti. La tendenza più recente è di considerare i sei mesi di vita come il momento più indicato per l'inizio dello svezzamento, questo perché a sei mesi il bambino ha una maggiore maturità digestiva e neuropsicologica.

> Lo svezzamento non deve essere un'imposizione esterna subita dalla madre e dal bambino: deve iniziare solo quando il bambino e la mamma sono pronti.

Ricordate che ogni bambino è diverso dall'altro e ha i propri ritmi di crescita. Però si possono fare alcune prove: se il bimbo accetta di buon grado la nuova situazione (si pone in modo positivo rispetto al cibo, non urlando e non sputando la pappa), si può proseguire con cautela. Se invece dimostra avversione, inquietudine e rabbia, è il caso di fermarsi e aspettare altri dieci-quindici giorni prima di riprovare.

Per iniziare lo svezzamento, scegliete un momento tranquillo della giornata; non forzate mai il bambino a mangiare controvoglia e, se la quantità di pappa assunta è troppo scarsa, integratela con piccole quantità di latte.

In natura ci sono fattori riconoscibili che ci segnalano che il bambino può essere pronto allo svezzamento:

- dentizione
- capacità di stare seduto
- interesse per il cibo dell'adulto
- conquista di sempre maggiori autonomie

Tra uno e tre anni il bambino continua a crescere, ma più lentamente rispetto ai primi 12 mesi di vita. Ora comincia ad avere una sua personalità, è più indipendente e inizia a scegliere che cosa desidera mangiare.

Verso i due-tre anni, il bambino impara a mangiare con il cucchiaio, spesso a bere anche con la cannuccia, e può diventare esigente a livello alimentare. Proponetegli una scelta più vasta possibile di cibi, sapori, consistenze e colori diversi per saziare il suo appetito e stimolare le papille gustative e gli altri sensi.

Lo scopo più importante è soddisfare il fabbisogno energetico, ma anche il palato va educato: in alcuni casi si è dimostrato che quanto più monotono e uniforme è stato il cibo durante questa fase, tanto più ristrette si sono rivelate le scelte alimentari da adulto.

Seggiolone o sedia?

Quando ha inizio lo svezzamento, la posizione più corretta per il bambino è stare seduto autonomamente su un seggiolone. È giunto il momento per il bimbo di assumere una postura più verticale, così potrà vedere che cosa mangia e chi gli propone il cibo, e sarà stimolato a ricercare la posizione seduta anche nel tempo libero. È proprio in questo periodo, infatti, che i bambini andrebbero incoraggiati a sperimentare nuove posizioni, lasciandoli liberi di muoversi su una superficie morbida (un tappetone), affinché imparino a conoscere il loro corpo e a trovare l'equilibrio.

Verso i diciotto mesi circa, con una sedia adeguata, è possibile far partecipare attivamente ai pasti il vostro bambino. Questo lo aiuterà non solo a sentirsi parte integrante e alla pari della famiglia, ma lo stimolerà a essere autonomo. Questa fase sarà per voi un po' faticosa: rovesceranno l'acqua, faranno cadere il piatto, sporcheranno ovunque... insomma, all'inizio il pasto sarà sicuramente caotico. Ma poi ne avrete tutti un gran vantaggio! Probabilmente, già attorno ai dodici mesi il vostro bambino avrà manifestato il desiderio e il bisogno di mangiare da solo, con il suo cucchiaio e il suo piattino. Concedetegli di esercitarsi, perché solo così affinerà le sue capacità. Insegnategli il "rito" del pasto e imparate a goderne insieme: è un momento speciale che va custodito e conservato.

Approfittate sempre del momento del pasto per raccoglievi tutti comodamente intorno al tavolo e comunicare e scambiare le vostre esperienze.

A tavola

È importante che il bambino si senta a suo agio: il momento del pasto non deve essere frettoloso e deve essere vissuto in modo rilassato, per gettare le basi di un sano rapporto con il cibo. Le abitudini alimentari acquisite nell'infanzia rimangono per tutta la vita, quindi già da piccoli nutrirsi deve essere un atto spontaneo, naturale, fonte di piacere, senza per questo occupare un posto eccessivamente rilevante (si sbaglia quando si ricorre al cibo per "intrattenere" i bambini).

Ecco che cosa è indispensabile perché il vostro bambino si sieda a tavola felice:

- le mani lavate;
- una tavola ben apparecchiata;
- un bavaglio possibilmente pulito;
- una seggiola adeguata alla sua età;
- posate (proporzionate all'ampiezza della bocca e alla grandezza della mano) adeguate a un bambino;
- un ambiente possibilmente tranquillo e luminoso;
- una persona che si dedichi a lui;
- ... e naturalmente un menu possibilmente equilibrato e vario.

Tutti insieme

Quello del pasto deve essere un momento in cui la famiglia si riunisce, parla, si guarda negli occhi, un'occasione per scambiarsi idee, pensieri ed emozioni.

Il lavoro e i ritmi serrati di tutti i giorni non permettono a tante famiglie di potersi riunire sempre in un momento così importante. È bene però organizzarsi per essere presenti a tavola tutti insieme almeno una volta al giorno. Sarà l'occasione per parlarsi e consolidare i rapporti, e anche per sperimentare nuovi sapori.

> Se ci sono momenti di tensione e di attrito tra i commensali, il bambino istintivamente li percepirà; cercate di chiarire i problemi in momenti diversi dal pasto e dimostratevi per quanto possibile rilassati.

Il rapporto con il cibo

Mangiare e bere in modo sano sono importanti premesse per una crescita ottimale e un adeguato sviluppo dei bambini. La coscienza alimentare e i comportamenti a tavola si definiscono già durante l'infanzia. È bene che i genitori insegnino ai loro figli alcune regole di base fin da quando sono piccoli e sappiano offrire loro una varietà di cibi nutrienti e salutari tra cui scegliere, superando ansie e costrizioni.

Ci sono bambini che si pongono con entusiasmo a tavola e accettano volentieri le pietanze che gli proponete, altri che vivono il momento del pasto come una vera e propria battaglia. A volte può capitare che il piccolo non si senta in grado di decidere che cosa gli piace e si adatti alle richieste dell'adulto.

Come aiutare i nostri bambini ad avere un buon rapporto con il cibo?

- Definite gli orari e i pasti più importanti.
- Se vi può essere d'aiuto, scrivetevi un menu settimanale: così sarete sicuri di offrirgli un'alimentazione varia.
- Preparate piatti nuovi per fare in modo che si abitui a sapori diversi.
- Al momento del pasto fate in modo che veda e assaggi una varietà di ortaggi e frutti, e impari a conoscere l'importanza dei prodotti della natura.

Regole per tutti

- Dare il buon esempio a tavola, rispettando il cibo e chi lo ha preparato.
- Mangiare tutti insieme almeno una volta al giorno comodamente seduti intorno al tavolo.

(continua)

- Proporre pietanze nuove e varie.
- Educare al rispetto del cibo, non riempiendosi troppo il piatto, ed evitando così di ritrovarsi con avanzi da gettare o da finire controvoglia.

Se si rifiuta di mangiare

L'inappetenza è sempre motivo d'apprensione per gli adulti che si occupano di bambini, perché a volte può essere sintomo di malessere. Spesso, invece, la mancanza di appetito non è legata a una situazione patologica, ma solo a errate abitudini familiari. A volte si ricorre a favole e giochi pur di far vuotare il piatto al bambino; lo forziamo a finire tutto, senza pensare che forse ha mangiato di più nel pasto precedente; o magari le porzioni sono eccessive, oppure gli chiediamo di integrare più energie di quante ne consumi: non fare attività fisica, passare troppe ore davanti al televisore o stare sempre in casa non favoriscono un adeguato consumo delle risorse alimentari che gli imponiamo di ingerire.

Per educarlo a mangiare a tavola:

- Cercate di rispettare l'orario dei pasti, evitando di proporgli patatine, merendine, caramelle tra un pasto e l'altro "purché mangi".
- Non cercate di imporgli i vostri tempi. Cercate invece di mantenere un clima sereno e di rimanere a tavola per tutto il tempo necessario.
- Evitate di cadere nella monotonia preparando sempre gli stessi cibi. Curate la preparazione dei piatti rendendoli gradevoli anche alla vista oltre che al palato.
- Date il buon esempio.

- Offrite al bambino un massimo di due scelte, anziché una selezione illimitata.
- Non "corrompete", minacciate o ricompensate con il cibo.
- Sfruttate la curiosità del bambino per incoraggiarlo ad assaggiare pietanze che non conosce. Provate nuove combinazioni di colori e sapori.

È importante che i genitori trasmettano al bambino il gusto e il piacere per la buona cucina, imparando ad accettare i limiti e le necessità del piccolo; in genere un bambino di due-tre anni mangia circa la metà della porzione di un adulto: siate sempre equilibrati!

Siate per lui d'esempio. Il bambino è lo specchio di come voi vi relazionate con il cibo: non chiedetegli di fare ciò che voi per primi non sapete fare. Quindi evitate di:

- mangiare guardando la tv, leggendo il giornale o parlando al cellulare. In famiglia si mangia insieme agli altri. I pasti sono anche un momento di socializzazione;
- stare a tavola troppo poco tempo con loro;
- mangiare in fretta senza assaporare ciò che si mette in bocca;
- lamentarvi della qualità del cibo;
- mangiare sempre le solite cose per fare attenzione alla linea.

La colazione è il primo pasto importante della giornata, non sottovalutatela solo perché preferite farlo dormire un po' di più.

E se invece il bambino chiede di continuo cibo?

Valutate se si tratta veramente di fame o solo voglia di qualcosa che gli piace.

- Se gli fate fare con regolarità una merenda sana tra i due pasti principali, sarà difficile che si tratti di appetito vero e proprio. Non sentitevi in colpa a negare gelato, patatine o brioche un'ora prima della cena.

- Se nel pomeriggio il bambino pratica sport o un'attività impegnativa, proponetegli una merenda adeguata, proporzionale alle energie che consumerà.

Questo sì, questo no

Il bambino potrebbe anche essere eccessivamente selettivo nei confronti del cibo: "Voglio solo quello, altrimenti non mangio". In questi casi dovete cercare di non arrendervi subito per il timore che non mangi più.

Non assecondate i suoi ricatti, piuttosto raccontategli perché certi alimenti sono "preziosi" e quindi è opportuno mangiarli. Invitatelo ad assaggiare sempre.

Coinvolgetelo poi nella preparazione delle pietanze: anche quelle meno amate acquisteranno così un altro sapore. Rispettate le sue richieste e gradualmente educatelo a nuovi sapori dando il buon esempio.

Insomma, cercate sempre, per quanto vi è possibile, di trovare un equilibrio tra il vostro desiderio che il bambino mangi e il suo atteggiamento di rifiuto.

Come stimolarlo ad assaggiare tutto?

- Proponete un'alternativa (ma solo una), quando il bambino respinge la pietanza.

- Presentate una portata alla volta, in modo che non rifiuti un cibo a favore dell'altro.

- Non fategli fare continue merende o micropasti durante il giorno: meglio che arrivi a tavola con il giusto appetito.
- Abituatelo a non rifiutare un cibo prima di averlo assaggiato.
- Non fate mai di fronte al bambino commenti come: "non mi piace", "non è buono": non gli dareste il buon esempio.
- Non insistete se mostra di non gradire alcune pietanze. Riproponetegliele invece a distanza di alcuni giorni.
- Preparate pietanze semplici e con il passare del tempo arricchitele di nuovi sapori.
- Alcuni periodi di inappetenza possono essere legati a temporanei malesseri fisici... In questi casi non insistete, i vostri bambini riprenderanno presto a mangiare.

Come avvicinarli al piacere della tavola?

La ricetta delle Tate:

Avvicinarlo ai piaceri della tavola

Ingredienti:

costanza
una buona dose di pazienza
coerenza

- Fate partecipare il vostro bambino alla spesa, magari lasciandogli la possibilità di proporre qualcosa da comprare.
- Prima di consumare un prodotto, fatelo annusare: anche l'olfatto va stimolato; al gesto accompagnate sempre una spiegazione.

(continua)

- Fatevi aiutare per quanto possibile nella preparazione del pasto: a lavare l'insalata, pesare la pasta, aprire le confezioni ecc.
- Coinvolgeteli nella preparazione della tavola.
- Preparate cibi di consistenza differente (morbida, cremosa, croccante...) per stimolare il gusto.
- Prediligete cibi sani e genuini: ai bambini piacciono i sapori semplici.
- Ricordate di offrire porzioni piccole, magari proponendo un bis successivo.

4. A nanna!

È tempo di dormire

Oltre che momento di riposo e rigenerazione delle energie, il sonno è per i bambini, come il rapporto con il cibo e il controllo sfinterico, anche un modo di comunicare. È un bisogno fisiologico, spontaneo, naturale, e come tale non va mai forzato.

Esistono bambini dormiglioni e bambini cui serve solo una quota minima di riposo. In entrambi i casi, è opportuno favorire un "buon" sonno. Perché i piccoli possano crescere sani e ricaricarsi adeguatamente, il loro rapporto con il sonno deve essere sereno.

Il sonno va aiutato, e in questo "addestramento" devono impegnarsi grandi e piccini.

Il neonato inizialmente dorme quando ne sente il bisogno, e lo fa in genere almeno per tre quarti della giornata. Il problema è nel periodo successivo, quando il tempo della veglia inizia ad allungarsi e dormire può diventare un atto casuale. Non dev'essere così: ai bambini va dato in modo delicato ma costante un ritmo di sonno che possa permettergli di riposarsi nei momenti giusti e di godersi il piacere della veglia.

A seconda dell'età, il fabbisogno di sonno è diverso.

- Un neonato dorme circa 18-20 ore al giorno.
- Si passa a 15-16 ore al giorno verso i 12 mesi (12 ore durante la notte più due pisolini, uno al mattino, l'altro nel primo pomeriggio).
- Per i bambini dai 2 ai 4 anni le ore di sonno consigliate sono circa 12-14 (compreso un sonnellino di 2 ore nel primo pomeriggio).
- Dai 5 ai 10 anni i bambini dovrebbero dormire circa 12 ore per notte.
- Dopo i 10 anni sono consigliate 10 ore di sonno.

Non è buona abitudine far dormire il bambino fino a tardi tutte le mattine: le 9 è un orario più che buono, così può giocare fino alle 11.30 circa e arrivare a fare la pappa sveglio e ben disposto; un sonnellino verso le 13 gli permetterà poi di essere attivo fino all'ora di cena. La sera, l'orario più indicato per mettere a letto i bambini è tra le 20 e le 20.30 (all'età di due-sei anni).

Queste abitudini rischiano di modificarsi molto se il bambino va al nido durante il giorno e l'unico momento della giornata che vive con la sua famiglia è alla sera. Siate altruisti, pensate al vostro piccolo: non esagerate facendogli fare tardi, perché questo potrebbe comportare qualche difficoltà del sonno, e inoltre il tempo trascorso insieme rischia di non essere "di qualità" se il bambino è stanco. Datevi dei tempi, mediati con i suoi: se ha dormito fino alle 18, non potrà dormire prima delle 22. Fategli piuttosto godere il pomeriggio da sveglio, e dopo cena restate con lui anche solo mezz'ora, ma con impegno e dedizione, non cercando di compensare con il gioco i vostri sensi di colpa per essere stati assenti.

Un letto tutto mio

Fondamentale è la qualità del sonno: facciamo in modo che il nostro bambino possa riposare in un letto caldo, pulito e accogliente, possibilmente in una stanza tranquilla e non in quella degli adulti (ma se si tratta di un neonato, si può pensare di tenerlo nella stanza dei genitori per favorire il controllo e l'osservazione del suo sonno). I neonati hanno bisogno di un ambiente areato, di copertine calde, di dormire senza cuscino, di essere coricati sulla schiena su un materasso rigido, oppure eventualmente sul fianco (meglio se il destro, perché favorisce la digestione). Una culla è sempre preferibile, ma anche una carrozzina con un materasso adeguato può andare bene.

> L'ambiente deve essere contenitivo e accogliente: un lettino troppo grande sarebbe angosciante per il neonato.

È comprensibile che vogliate tenere la culla nella vostra stanza da letto per osservare il vostro piccolo mentre dorme e guardarlo increduli di avere un esserino così meraviglioso. Ma non è proprio la cosa più giusta da fare. L'aria che il piccolo respirerà sarà piena dell'anidride carbonica che voi emetterete durante la notte, quindi abbiate l'accortezza di posizionare la culla a debita distanza dal letto; inoltre l'eccessiva vicinanza comprometterebbe la giusta privacy che una coppia deve sempre concedersi.

Ma soprattutto, se il bambino si abitua a dormire nella stanza dei genitori, sarà difficile convincerlo a spostarsi poi nella sua cameretta. Questo passaggio dovrebbe avvenire prima del secondo semestre di vita, quando le abitudini non sono ancora radicate e il cambiamento delle modalità del sonno è meno problematico.

Alternatevi nella gestione notturna dei bambini: la qualità del sonno e del tempo è preziosa per tutti.

Quando il bambino sarà cresciuto (ve ne renderete conto da soli), sarà il momento di passare al lettino con le barre, possibilmente in una cameretta tutta sua, che cominci a essere personalizzata, colorata e accogliente.

All'età di tre anni circa, quando sarà in grado di scendere dal lettino da solo, dovrete abbassare le sbarre e più avanti passare al letto grande. A questa età il bambino comincia già a mostrare autonomia nell'andare in bagno e vestirsi, comincia a scegliere cosa indossare, e il sabato o la domenica mattina viene a farvi visita nel "lettone".

Per prevenire la SIDS, sindrome della morte improvvisa del lattante o "morte in culla", il bimbo andrebbe coricato sulla schiena senza cuscino e dovrebbe dormire al fresco e non troppo coperto (non nel lettone dei genitori, dove il rischio di surriscaldamento è maggiore). È importante anche tenerlo lontano dal fumo.

La luce o il buio? Il silenzio o il rumore?

Ci si pone sempre questo quesito all'arrivo di un bimbo. La risposta è: vanno bene entrambi!

Nel primo anno di vita, i bambini non sono particolarmente sensibili alla luce, così come non lo sono ai rumori; però è molto importante che il loro cervello si abitui da subito a registrare l'alternarnza di giorno e notte. Prediligete quindi la penombra durante il giorno, in modo che l'organismo riconosca il sonno breve da quello lungo della notte.

Di notte si può tenere la tapparella abbassata, ma sicuramente fa bene all'umore del vostro bimbo vedere filtrare un po' di luce al mattino. Immaginate quanto possa essere traumatico alzarsi e andare a far colazione passando dal buio totale della cameretta alla luce della cucina: anche gli occhi ne soffrirebbero. Invece, se il vostro piccolo si sveglia in una stanza già leggermente illuminata, e magari si intrattiene con un giochino nel letto prima di alzarsi, al vostro arrivo sarà ben disposto. Si sarà svegliato con i suoi tempi e ritmi, e non piangerà per segnalare il suo risveglio e per capire dove si trova.

Per i rumori tenete un comportamento analogo. Abituate fin da subito il vostro piccolo ai suoni della casa: non staccate i telefoni, non fermate lavastoviglie o lavatrice. Al bambino piace registrare suoni familiari durante il sonno, sentire che qualcuno è con lui lo rassicura. Cercate di condurre una vita normale, con le vostre abitudini, i vostri ritmi e rumori: amalgamateli con quelli dei bambini, così entrambi vi abituerete alle necessità reciproche e si instaurerà un clima di rispetto. Ricordatevi anche che se come coppia state bene, questo si rifletterà positivamente sull'equilibrio dei vostri piccoli.

Il "problema" del lettone

Il lettone, luogo desiderato e ambito da tutti i bambini... luogo caldo e sicuro, regno delle coccole. È comprensibile che un bambino non veda l'ora di tuffarcisi. Chi di noi non ha provato almeno una volta il profondo piacere che dà essere sdraiati nel lettone, sentendo il respiro e il calore dei corpi di mamma e papà?

Il lettone è un luogo magico, dove nascondersi, ridere e stare bene. Non dimentichiamo però che un posto così speciale va rispettato: non deve essere un luogo privo di significato, e deve diventare l'eccezione, la conquista...

Non si dorme tutti i giorni nel lettone, perché ognuno ha il suo letto. Quindi, cercate di non dare questa "brutta" abitudine: annullerebbe anche la vostra intimità e non vi renderebbe genitori migliori. Coccolatelo e dategli attenzioni, ma non continuate a trattarlo da bambino piccolo quando lui sta crescendo. Lasciatelo libero di sviluppare la sua autonomia.

Se avete difficoltà a far dormire il vostro bambino nel suo letto, armatevi di pazienza e... seguite la ricetta delle Tate!

La ricetta delle Tate:

Convincerlo a dormire nel suo letto

Ingredienti:

- tempo
- amore
- pazienza
- coerenza
- una scorta inesauribile di tenacia

- Trascorrete più tempo nella sua stanza raccontandogli una storia.
- Rendete accogliente e personalizzate la sua stanza, con il suo aiuto.
- Addormentatelo nel suo letto con voi al suo fianco.
- Se durante la notte si sveglia e vi raggiunge, fatevi forza e riaccompagnatelo nel suo letto, senza cedere alla stanchezza, alla pigrizia o alla compassione.

(continua)

- Concordate un giorno della settimana in cui lui possa dormire con voi, o trascorrere almeno parte della mattinata nel vostro lettone.
- Se non volesse dormire da solo, potete lasciare la porta della sua camera aperta, e una luce fioca per potersi muovere al buio. Fategli scegliere un compagno di sonno (un peluche, per esempio).
- Sottolineate i vantaggi di avere un letto e una stanza propria (spazio, giochi, libertà).

Sogni d'oro

Per i bambini è molto utile una "preparazione" al sonno, una serie di riti che il bambino riconosce e a cui partecipa con piacere perché gli danno molta sicurezza e serenità. Cercate quindi di seguire questi riti con una certa ripetitività. Per esempio: fategli il bagnetto, giocate tranquillamente con lui in camera sua o in soggiorno, leggetegli o raccontategli una favola, cantate una canzoncina, accarezzatelo dolcemente, mettete della musica classica, abbassate l'intensità della luce... Queste cose vanno decise e fatte da tutti gli adulti della famiglia, così da creare continuità e stabilità nei riti del bambino.

Al bambino solitamente piace avere con sé un oggetto prediletto – si chiama oggetto transizionale, poi vedremo perché – che lo conforta e rassicura nei momenti della vostra assenza. Un oggetto di questo tipo è anche il ciuccio, molto gradito da alcuni e respinto da altri. Poi, concedetevi sempre un breve periodo di gioco con lui. Cercate di svolgere attività tranquille, che possano "introdurre" al sonno il vostro piccolo.

Cercate di non perdere o dimenticare il suo oggetto prediletto e, se ne avete la possibilità, tenetene un doppione.

Non trasmettetegli l'ansia di doversi addormentare al più presto perché avete un impegno o un appuntamento: i bambini sono molto sensibili e percepiscono la tensione dei grandi; in questo caso, faticheranno ad abbandonarsi al sonno. Potrebbero pensare: "Se mamma e papà sono agitati, devo esserlo anch'io; mi vogliono bene e, se fanno così, forse sta accadendo qualcosa di brutto". Così vi staranno addosso più del solito, saranno carichi e tesi emotivamente e non prenderanno sonno.

Cose da fare...

- Stabilite orari precisi per andare a letto e manteneteli.
- Create un ambiente tranquillo: predispone al rilassamento e dà sicurezza.
- Raccontategli una favola o cantate una canzone: potrebbe diventare uno dei vostri "riti".
- Concedetegli la compagnia di un pupazzo, un peluche, insomma di un oggetto da lui prediletto, meglio se sempre lo stesso.
- Concedetegli il ciuccio, se lo gradisce.
- Azionate un carillon come ultimo gesto prima di lasciarlo: per i bambini è un rito gradevole.
- Assicuratevi che abbia il pannolino pulito.
- Assicuratevi che abbia mangiato a sufficienza, altrimenti è possibile che si svegli durante la notte per la fame.

- Cercate di dire sempre le stesse parole semplici con un tono dolce ("Buona notte, dormi bene, ci vediamo domani, ora fai una bella nanna").
- Eventualmente, se vi siete accertati che non ci siano problemi di salute, lasciatelo piangere un po'; poi coccolatelo, rassicuratelo e congedatevi con calma.
- Qualche volta lasciate che si addormenti da solo: potrà scoprire le sue mani, i suoi piedini e una serie di altre cose che gli danno serenità, consapevolezza di sé e autonomia.
- Lasciate nel lettino uno o due giochi (che non siano pericolosi): lo intratterranno la mattina, e quello sarà per lui un momento ludico tranquillo e personale.

Entrambi gli adulti che si occupano del bambino devono adottare gli stessi metodi per addormentarlo: questo crea sicurezza e un senso appagante di controllo della realtà e delle situazioni.

Cose da non fare...

- Non cambiategli di continuo l'orario del sonno, in base alle sole necessità degli adulti: le parole d'ordine sono stabilità e ripetitività.
- Non fategli guardare la tv prima di andare a letto; spesso nei bambini restano vive a lungo le immagini viste in televisione e potrebbero turbare il loro sonno.
- Non fate giochi dinamici e di tensione: caricano d'entusiasmo e di eccitazione. Poi i bambini vivrebbero l'andare a nanna come una perdita di tempo e una rinuncia al divertimento.

- Non mettetelo a letto dopo una discussione tra adulti: vivrebbe il gesto come un allontanamento e un rifiuto.
- Non mettetelo a letto subito dopo mangiato: affatichereste la digestione.
- Non eccedete con bevande eccitanti (Coca Cola, tè, che contengono caffeina e teina) prima della nanna.
- Non confondete i riti del pasto con quelli del sonno: non si mangia a letto, non si dorme a tavola.
- È bene che non lo accompagnino a dormire persone estranee o sempre diverse.
- Non giocate con il bambino durante la notte se si sveglia.
- Non addormentatelo in braccio: questa diventerebbe una schiavitù per voi e per il bambino.
- Non addormentatelo con le luci accese a giorno.
- Non ninnatelo finché s'addormenta.
- Non abituatelo al biberon nel lettino.
- Non addormentatelo nel lettone per poi trasportarlo nel suo lettino: al suo risveglio si sentirebbe spaesato e si agiterebbe.
- Non copritelo troppo o troppo poco per dormire, siate equilibrati.

Se si sveglia di notte

Attraverso il sonno, il bambino esprime i suoi stati d'animo, ma bisogna imparare a distinguere tra la richiesta d'attenzione, il bisogno di giocare o un possibile malessere.

Se voi siete via tutto il giorno per motivi di lavoro, è probabile che il piccolo si renda conto che è proprio la notte il momento nel quale ci siete e quindi farà di tutto per rimanere sveglio e godere della vostra presenza. Dopo poche ore di sonno si sveglierà, pronto per giocare.

Avete quindi due soluzioni:

- modificare per quanto possibile i suoi orari di riposo nel pomeriggio in modo che vi possa vedere di più la sera prima di dormire;
- al vostro rientro dedicatevi entrambi a lui: fategli il bagnetto, fatelo mangiare, giocate con lui e poi accompagnatelo a dormire; ma non abbiate fretta di congedarlo, altrimenti avvertirà la situazione come un allontanamento e faticherà a prendere sonno.

In ogni caso non assecondate il suo desiderio di giocare di notte. Cercate di fare in modo che piano piano si rilassi, cantandogli una ninna nanna o parlandogli sottovoce e accarezzandolo dolcemente. Così gli verrà spontaneo il desiderio di tornare a dormire per poter godere della vostra presenza durante il giorno, quando il piacere e le energie saranno adeguati sia per lui sia per voi.

Non proponetegli giochi o attività, ma piuttosto cullatelo e coccolatelo. Offritegli una tisana, o del latte; parlategli a voce bassa e con tono dolce; non accendete luci forti e non intrattenetelo giocando.

Se invece il vostro bambino – che di solito dorme sereno – avesse risvegli con pianti acuti e inconsolabili, è probabile che abbia un malessere. Cercate di calmarlo tenendolo stretto a voi con il suo ciuccio (se lo usa) e procedete con le seguenti verifiche:

- Misurategli la temperatura.
- Guardatelo in volto e sul corpo: forse è comparsa qualche macchia o puntino sospetto.
- Toccatelo con leggere pressioni per verificare se gli duole qualche parte del corpo. Potrebbe trattarsi dell'arrivo dei nuovi dentini o anche solo della necessità di digerire.
- Dopo aver verificato il tutto, agite di conseguenza e consultate eventualmente il vostro pediatra appena sarà possibile.

Possibili disturbi del sonno

Difficoltà ad addormentarsi, risvegli precoci al mattino o vari risvegli notturni sono frequenti a tutte le età. La maggior parte dei disturbi del sonno è di tipo "funzionale": il bambino non ha nessuna malattia, non ha problemi psicologici e non è viziato. Semplicemente il meccanismo del sonno non funziona bene, la sua sveglia interna non è "tarata": non è stato educato al sonno.

Ma, se così non fosse, provate ad analizzare alcune di queste abitudini, e forse ritroverete anche la vostra:

- se l'avete abituato ad addormentarsi in braccio, per riprendere a dormire esigerà lo stesso trattamento (valutate se è produttivo);
- ha bisogno di cambiare il pannolino;
- la cena troppo saporita gli ha messo sete;
- ha solo smarrito il ciuccio; cercatelo e dateglielo in mano, affinché si abitui a recuperarlo da solo durante la notte e a riportarlo alla bocca (è possibile a partire dai dieci-dodici mesi);
- ci sono stati cambiamenti sostanziali nella normale routine della giornata;

- ha vissuto un'esperienza che lo ha turbato;
- ci sono tensioni all'interno della famiglia: una discussione, o il tono di voce alto possono turbare il bambino;
- ha visto immagini insolite o violente alla televisione;
- ha avuto un'esperienza di ospedalizzazione, di malattia ecc.

Quando inizia a sognare

Durante il sonno c'è una fase chiamata REM; è una sigla che proviene dall'inglese *Rapid Eye Movement*, cioè "movimento rapido dell'occhio" (sotto la palpebra abbassata l'occhio si muove molto velocemente). In questa fase si ha un abbassamento di coscienza oltre a una diminuzione della temperatura corporea e avviene l'attività onirica, cioè si sogna. Nella fase non REM, invece, si ha il vero e proprio riposo, senza attività onirica.

Queste due fasi si alternano durante il sonno in modo continuo. Recenti studi hanno dimostrato che l'attività REM è già presente in bambini di due-tre anni e che corrisponde al 50% del sonno totale, mentre negli adulti copre solo il 25%. Il tipo e il contenuto dei sogni dei bambini si modificano e si evolvono in base alla sua maturazione affettivo-cognitiva.

I bambini sotto i due anni non sono in grado di esprimere verbalmente l'accaduto di un sogno e quindi può sembrare che non sognino. Non è così. È dimostrato che i bambini sognano fin dai primi giorni di vita: sono sogni di contenuto fisiologico (sensazioni di fame, freddo, sete, dolore), ma sono sogni a tutti gli effetti.

Nei bambini piccoli il sogno non è un'attività di tipo razionale, come è in parte il sogno dell'adulto, ma di tipo percettivo: una rielaborazione delle sensazioni vissute e delle emozioni a esse correlate. Tra i quattro e i cinque anni i bambini possono raccontare che cosa avviene nei loro sogni. Solo verso i sei-otto anni i sogni divengono più elaborati e complessi (sogno simbolico), simili a quelli degli adulti.

L'importanza dei sogni

Nei sogni tutti noi sfoghiamo desideri, paure, ansie. A volte nei sogni riusciamo a esprimere e ottenere ciò che più desideriamo nella vita, e la serenità che proviamo al nostro risveglio è indescrivibile.

Altre volte i sogni incarnano i nostri più profondi timori. Creare nel sogno situazioni che ci terrorizzano è un modo per imparare a gestirle, per conoscere e superare fatti e sensazioni che si presentano nella realtà. Spesso la costruzione di questi sogni difficili serve a esorcizzare le situazioni che temiamo possibili e che quindi vogliamo prepararci ad affrontare. In altri casi i sogni servono invece ad affrontare ed elaborare eventi già accaduti che fatichiamo a "metabolizzare".

Sognare è necessario e salutare per i più piccoli e per noi grandi. Desideri, incubi, situazioni intricate: tutto è utile al lavoro del nostro inconscio per elaborare la realtà.

Non dobbiamo temere l'attività onirica: è un linguaggio di benessere e di chiarificazione; se facessimo analizzare sistematicamente i sogni, scopriremmo in modo cosciente molte cose che il nostro inconscio già da tempo conosce ed elabora.

I bambini hanno bisogno di sognare; accogliete con tranquillità i loro risvegli notturni da un incubo, rendeteli consapevoli del fatto che si tratta solo di un sogno, non di realtà. Abbracciateli forte, offrite loro un sorso d'acqua e fatevi raccontare se possibile l'accaduto: il racconto potrà aiutarli a superare certe paure. Può capitare però che i bambini siano troppo piccoli per fare un resoconto chiaro del sogno, quindi confortateli, rassicurateli, e loro si rassereneranno.

5. In bagno

Il momento giusto per il vasino

Ormai potete cambiare un pannolino anche a occhi chiusi e al supermercato avete raggiunto la misura massima in commercio? Forse vi state chiedendo se è arrivato il momento giusto per presentargli il vasino...

Di solito il bambino impara a regolare prima lo stimolo della pipì e successivamente quello delle feci: questo accade in un periodo molto variabile tra i diciotto mesi e i due anni.

A questa età il bambino ha raggiunto una discreta capacità di comunicazione, quindi può segnalare a parole lo stimolo in arrivo, e inoltre ha imparato a camminare ed è in grado di raggiungere autonomamente il vasino. Dobbiamo considerare anche il fatto che è la fase in cui il bambino acquisisce la consapevolezza che il luogo della casa più adatto a questi bisogni è il bagno.

Naturalmente questi ritmi non sono uguali per tutti. L'adulto deve sempre cercare di captare i segnali di maturità del bambino e assecondarli.

Ogni bambino ha i suoi tempi: rispettateli. Prima di avventurarvi in questa esperienza, valutate se il bambino è "pronto".

Come capirlo? Ecco alcuni segnali:

- È incuriosito da ciò che fate in bagno e vi chiede chiarimenti?
- Tenta di togliersi il pannolino da solo?
- Fa storie quando glielo mettete?
- Se lo fate sedere sul vasino collabora incuriosito ed è sereno?

Se vi accorgete che è il momento giusto, armatevi di pazienza e cominciate!

- Preparate molti cambi (pantaloni e mutandine).
- All'inizio presentategli il vasino e permettetegli di sperimentarlo come un giocattolo. Osservatelo in attesa di una reazione.
- Toglietegli il pannolino per almeno un'ora al mattino e un'altra al pomeriggio. Osservate quello che succede e nei giorni successivi prolungate questi periodi di prova. Non dimenticate di chiedergli: "Per caso ti scappa la pipì? Proviamo ad andare sul vasino?" Fate attenzione a non esagerare: se glielo chiedete di continuo, lo scambierà per un gioco in cui può esercitare un qualche "potere" su di voi.

Se reagisse male?

All'inizio capiterà spesso che il bambino si lasci scappare la pipì senza utilizzare il vasino. Se reagisce male, rassicuratelo del fatto che si tratta di un evento naturale e spontaneo.

(continua)

Fategli capire che non è grave: lavatelo, cambiatelo e pulite dove ha sporcato. Mostrategli il luogo adatto per fare pipì (accompagnatelo in bagno a vedere il vasino) e incoraggiatelo a provarci ancora la prossima volta.

Come comportarsi

Il vostro comportamento non deve riflettere fastidio o rammarico. Ricordate sempre che il vostro atteggiamento equilibrato durante l'apprendimento di tutte queste abitudini come l'alimentarsi, il dormire e la ricerca del controllo sfinterico sarà fondamentale. Quando il vostro bimbo fa la pipì al posto giusto, complimentatevi con lui, ma non esagerate: lo carichereste di troppe aspettative e potrebbe poi vivere dei sensi di colpa se non ci riuscisse di nuovo. Non promettete premi: deve capire che si tratta di un comportamento naturale che pian piano apprenderà, e sarà per il suo bene. Non date punizioni se non riesce a essere autonomo: non è un atto volontario, potrebbe non essere ancora pronto.

Per un periodo di circa uno-due mesi dall'"incontro" con il vasino continuate a portare con voi sempre almeno un cambio (mutandine, pantaloni, calze), così non sarete impreparati nel caso si bagnasse e il vostro bambino non si sentirà mortificato o imbarazzato.

Potete chiedere collaborazione all'asilo nido. Gli educatori sono sempre disponibili a supportarvi per il benessere e l'autonomia dei bambini. Ma state attenti a non delegare a loro il compito: potreste non ottenere risultati a breve termine e c'è il rischio che il bambino cominci a mostrare segni di sofferenza quando deve recarsi al nido.

Fate un breve periodo di prova a casa: l'ambiente domestico dà sicurezza al bambino. Poi lasciate che l'apprendimento prosegua al nido con il personale educativo e... non dimenticate di consegnare cambi in abbondanza! Acquistate abbigliamento comodo perché il bimbo possa muoversi con agilità e svestirsi da solo al momento del bisogno.

Se lui non collaborasse?

In alcuni casi i bambini si rendono conto dell'importanza che gli adulti attribuiscono all'apprendimento del controllo sfinterico, e si rifiutano di collaborare per attirare l'attenzione o per mettere alla prova la solidità dell'affetto della famiglia. Quindi a volte può accadere che il bambino non segnali lo stimolo volutamente o non reagisca alla vostra sorpresa nel ritrovarlo bagnato, insomma vi provochi e non si impegni.

Non allarmatevi: se lui ha già imparato, ma ha avuto un regresso, vi consigliamo di non ritornare al pannolino. Siate sereni e fate come se nulla fosse. Nel caso in cui invece non avesse ancora ben compreso il meccanismo, non insistete, forse dovrà ancora passare del tempo. Rendersi autonomo al vasino è un passaggio importante e delicato che spaventa il bambino e rende consapevoli voi adulti del fatto che è cresciuto e che presto non necessiterà più del vostro costante aiuto.

> Non aspettate che sia lui a chiedervi come mai non può fare pipì come gli altri o che sia la scuola materna a insegnargli ad andare in bagno da solo. Siate per i vostri bambini una guida alla crescita e un sostegno all'autonomia: ve ne saranno per sempre grati!

E la pupù?

Non si può identificare l'età giusta per l'acquisizione del controllo nell'espulsione delle feci, perché le implicazioni psicologiche in questo caso sono tante. Solitamente verso i due anni e mezzo-tre il bambino ha una maggiore consapevolezza di sé e una modesta autonomia. Il momento giusto dovete trovarlo insieme a lui. Fate tentativi sul vasino negli orari che sapete potenzialmente validi per l'esperimento. Fatelo stare seduto serenamente e stategli accanto per tutto il tempo necessario, leggendo un libro o raccontandogli una storia.

Se reagisse male?

La reazione di pianto o di spavento nel bambino alla vista di ciò che ha depositato nel vasino è molto frequente. È una reazione comprensibile: pensare di perdere "una parte di sé" per un bambino può essere angosciante e spaventoso. Bisogna aiutarlo a comprendere, utilizzando parole semplici, che la pupù è ciò che resta della pappa, dopo che il corpo l'ha digerita e gli ha dato le energie. Fatelo partecipare al "congedo": fategli gettare il tutto nel water, magari salutando e ringraziando per averlo fatto crescere un po'. Non esagerate però nei saluti e nelle esclamazioni: rischiereste di dare al bambino l'idea che si tratti di una cosa animata e quindi di spaventarlo.

Un'altra reazione del bambino può essere quella di orgoglio. Aspettatevi per esempio che vi mostri con entusiasmo il contenuto del vasino per farvi vedere che cosa è riuscito a produrre!

In ogni caso cercate di fargli vivere questi momenti in totale serenità. In fondo è un atto fisiologico da vivere con naturalezza.

A nanna senza pannolino

Anche questo passaggio non avviene a un'età precisa. In genere dopo un periodo relativamente breve (cinque-sei mesi) nel quale il bambino si è reso autonomo al vasino durante il giorno, si può provare a farlo stare senza pannolino durante il sonnellino del pomeriggio. Chiedetegli se vuole provare a fare la nanna senza il pannolino e trasmettetegli serenità. Se acconsente provate, se rifiuta rimandate la proposta al giorno successivo. In tutti questi passaggi il vostro atteggiamento deve essere quello di chi propone una conquista bella, importante, comoda. Vanno esaltati i lati positivi di questo cambiamento.

Come fare?

La ricetta delle Tate:

Farlo dormire senza pannolino

Ingredienti:

- tempo e pazienza
- amore
- costanza
- coinvolgimento

- Preparate cambi di lenzuola, di traverse o cerate per la protezione del materasso, e un buon numero di pigiamini.
- Siate pazienti e organizzatevi tra adulti per collaborare durante la notte.
- Fate fare la pipì al bambino prima che si corichi.

(continua)

- Coinvolgetelo nella decisione. Chiedetegli: "Vuoi provare a fare la nanna senza pannolino?" Cercate di convincerlo: "Possiamo provare ora che sei grande abbastanza? Poi si sta meglio..."
- Controllate se si bagna nel sonno, ed eventualmente cambiatelo. Descrivetegli l'accaduto, altrimenti si sentirà mortificato senza capire cosa sia successo.
- Se fatica a svegliarsi, puntate la sveglia e accompagnatelo al bagno a distanza di qualche ora. Per quanto possa sembrare forzato, questo è invece un atteggiamento prudente ed educativo. Vedrete che dopo sei-dieci giorni si sveglierà spontaneamente e/o vi chiamerà per farsi accompagnare al bagno.
- Non perdete le speranze e non mollate. Non arrendetevi alla pigrizia e al sonno.

La pipì a letto

L'enuresi, ovvero il rilascio involontario di pipì, è un fastidio che solitamente scompare verso il quinto-sesto anno d'età. Se durante il giorno il vostro bambino avesse difficoltà nel controllo, potete annotarvi la frequenza con la quale si bagna, e valutare l'ipotesi di anticipare il suo stimolo, moderando anche la quantità di liquidi che ingerisce.

Se questo problema si protrae nel tempo (sei-otto anni) è bene rivolgersi al pediatra, il quale dopo un'attenta verifica vi aiuterà a risolvere il problema. Solitamente nell'infanzia questo disturbo è più frequente durante la notte (enuresi notturna). La capacità di autocontrollo viene acquisita a poco a poco con la maturazione e la presa di consapevolezza di sé del bambino.

Ci sono casi in cui l'enuresi è influenzata da aspetti di tipo relazionale, emozionale e affettivo (enuresi secondaria). Se il bambino ha già imparato a trattenere la pipì ma riprende a bagnare il letto, provate a valutare se è cambiato qualcosa nella sua quotidianità. Piccoli traumi, cambiamenti, tensioni familiari possono scatenare disagi, che nel bambino particolarmente sensibile si espirmono anche attraverso questo linguaggio.

Come agire

Non pensiate che la pipì a letto sia un atto volontario da parte del bambino, anzi per lui è umiliante sapere di non riuscire a controllarsi.

Ricordate:

- I bambini non vanno mai rimproverati e sgridati per aver fatto la pipì a letto (non lo fanno di proposito).
- Rassicurate il bambino sul fatto che è un problema frequente, che poi si risolve.
- Coinvolgetelo attivamente nel cambio del pigiama e delle lenzuola.
- Non fate bere troppo il bambino prima di andare a letto.
- Fategli fare pipì, anche più volte, prima della nanna.
- Durante la notte accompagnatelo più volte al bagno. Gli risparmierete l'umiliazione di ritrovarsi bagnato al suo risveglio.

Se la pupù diventa un problema...

La stipsi è l'evacuazione di feci particolarmente dure e voluminose che causano dolore e difficoltà. Nei bambini questo problema è abbastanza frequente: l'esperienza di un'evacuazione dolorosa precedente può spingere il bambino a trattenere le feci per un lungo periodo per scongiurare il dolore già provato.

Una delle possibili cause dell'eccessiva durezza delle feci potrebbe essere un'alimentazione priva di fibre.

In presenza di questo problema il bambino potrebbe avere atteggiamenti del tipo: sollevarsi sulle punte, nascondersi, incrociare le gambe, piangere e irrigidirsi. Lasciatelo nascondersi se lo desidera, assecondatelo se vuole essere abbracciato o stare solo sotto il tavolo. Il suo pianto fa sentire impotenti e incapaci, ma non accentuate né sminuite il suo malessere: siate comprensivi.

Ecco alcuni consigli:

- Favorite un'alimentazione in linea con i consigli del vostro pediatra. Non esagerate proponendo al bambino solo alimenti che lo aiutino a risolvere il suo problema ricordandoglielo di continuo, perché aggravereste una situazione già di per sé delicata, con il rischio di turbare il suo rapporto con il cibo.
- Scoprite quali alimenti adeguati al problema gli piacciono particolarmente e proponeteglieli spesso.
- Rassicurate, sostenete e assecondate il bambino durante l'evacuazione: la vostra vicinanza non lo farà sentire solo e abbandonato mentre affronta il dolore.
- Non agitatevi e non fatevi prendere dal panico: la vostra tranquillità e il vostro equilibrio lo sosterranno nelle difficoltà.
- Non date punizioni né premi: si tratta di una ritenzione, non è controllabile.
- Cercate il momento più adatto, per esempio dopo un bagno caldo, oppure mentre guarda un libricino. A volte la distrazione può favorire il rilassamento dello sfintere.
- Mettetelo sul vasino a orari fissi, per esempio dopo pranzo.

Il trattenimento delle feci (come anche la ritenzione dell'urina) a volte può avere cause di tipo psicologico. Questa difficoltà può essere indice di un cambiamento, di uno spavento. Ci può essere una situazione di disagio che non sa esprimere e che sta vivendo profondamente. In età scolare può influire anche una timidezza eccessiva: il bambino non riesce a chiedere di andare in bagno con il risultato di voler "portare a casa" il tutto: forse perché il gabinetto alla turca lo spaventa, o il bagno è sporco, o non c'è la carta igienica, o non vuole farsi vedere dai compagni ecc. Cercate di scoprire con discrezione quale possa essere il motivo che lo "blocca".

6. Che rabbia!

All'improvviso è una peste

Le esplosioni di rabbia da parte del vostro bambino possono lasciarvi senza parole.

Potrebbe capitarvi che improvvisamente a otto mesi si metta a strillare perché vuole gattonare sul pianerottolo e non accetta la vostra intrusione nel suo gioco, ma voi dovete proteggerlo dai pericoli. Finora è stato un bimbo dolce e grazioso; ora mostra un volto diverso ed esprime a gran voce questo nuovo "impulso".

I bambini manifestano in modo esplicito i loro bisogni e desideri, e di fronte a queste manifestazioni spesso noi adulti rimaniamo stupiti e non sappiamo come reagire. Non siamo abituati alle emozioni e alle sensazioni espresse in modo così chiaro ed esplicito, e ancor meno a vederli reagire così per ottenere qualcosa o soddisfare un bisogno (fame, desiderio di coccole, avvicinarsi a un genitore, prendere un gioco o altro).

La nostra cultura fatica ad accettare l'espressione spontanea delle emozioni. Fin da piccoli impariamo a controllarle o addirittura a inibirle e nasconderle. Ma la loro inibizione può portare a non conoscere una componente importante di sé e può deviare le relazioni con gli altri. Insieme alla gioia e al dolore, la rabbia è una delle emozioni più istintive e si deve imparare a gestirla fin dall'inizio.

> Esprimere sensazioni forti come la rabbia viene spesso interpretato negativamente, invece a volte comunicare ciò di cui si ha bisogno e respingere quella che si considera un'ingiustizia può essere un segnale di crescita e sviluppo della propria individualità e sicurezza interiore. Un discorso a parte va fatto per i comportamenti propriamente aggressivi, che invece devono essere diagnosticati e curati con l'aiuto di persone esperte.

In altri casi invece manifestare rabbia è una forma di difesa: vi sarà capitato che di fronte a un forte rimprovero, a una presa in giro, a un rifiuto o a una sconfitta nel gioco, il vostro bambino abbia reagito bruscamente. Nelle situazioni frustranti e stressanti in cui il bambino sente di non avere una via d'uscita urla, spinge, rompe un oggetto, scalpita e impreca.

Qualsiasi siano le cause della collera del vostro bambino, dovete educarlo a riconoscere certe sensazioni ed emozioni e a imparare a gestirle gradualmente. Insegnate ai bambini a controllare sia il piacere sia la frustrazione.

Come gestire le esplosioni di rabbia

Vi trovate ad assistere a delle esplosioni di rabbia del vostro bambino al parco, a scuola, all'asilo, al supermercato.

Che si tratti di urla, pianti, rifiuti a relazionarsi, rottura di oggetti o manifestazioni aggressive verso gli altri o verso le cose, non fatevi trovare impreparati.

Che fare in questi casi? Sapete bene che la formula perfetta non esiste e che i bambini sono tutti diversi per età e per personalità, ma ecco qualche indicazione utile:

La ricetta delle Tate:

Gestire le esplosioni di rabbia

Ingredienti:

pazienza
tanto amore
coinvolgimento
tempo

- Cercate di allontanare eventuali sensi colpa: anche se è stato un divieto a far esplodere la rabbia del vostro bambino, sicuramente avete agito per il suo bene.
- Insegnategli che è normale provare certe sensazioni ("So che sei arrabbiato, è normale, ma...").
- Aiutate il bambino a riconoscere dentro di sé queste nuove emozioni, accettandole voi per primi. Dategli dei consigli su come affrontarle.
- Date voce alle sue emozioni. Quando i bimbi sono piccoli bisogna rivolgersi a loro esplicitando il loro stato d'animo: "So che sei arrabbiato/triste perché..." Così si abitueranno a esprimersi con chiarezza e sapranno rispondervi quando gli chiederete: "Mi piacerebbe capire cosa senti... Cosa ti succede?"
- Riconducete le sue azioni all'impulso che le ha prodotte ("Hai buttato per terra il trenino perché sei tanto arrabbiato?").

(continua)

- Ascoltatelo e dimostrate che siete disponibili ad aiutarlo e ad affrontare la sua irritazione o frustrazione.
- Date sempre il buon esempio e mostrate come si possono gestire in modo costruttivo i momenti di rabbia. Evitate di urlare, di sbattere le porte e gli oggetti, o di picchiarlo per scaricare la tensione.
- Aiutatelo ad attenuare i momenti di rabbia in modi differenti, per esempio correndo, facendo un disegno o manipolando del materiale.
- Insegnategli a comunicare i suoi bisogni e le sue difficoltà. Incoraggiatelo a rivolgersi a voi quando è arrabbiato e a esprimere a parole quello che prova.
- Insieme create e stabilite delle regole per stare bene con gli altri e fate in modo che le rispetti ("Aspetta il tuo turno", "Chiedi il permesso al bimbo", "Prima tu e poi lui"...)
- Incoraggiatelo e lodatelo quando riesce a esprimere e sublimare in maniera costruttiva i momenti di rabbia.
- Non siate punitivi nell'educare i bambini. Le punizioni soprattutto fisiche favoriscono un atteggiamento aggressivo. I bambini vi imiteranno e adotteranno con facilità questa modalità di relazione.

Ricordate che di fronte a manifestazioni di rabbia è sbagliato reagire allo stesso modo.

Scapaccioni e schiaffi non aiutano il bambino a riflettere sull'accaduto. Certamente questo vi permette di liberare la tensione accumulata, ma purtroppo non di affrontare i motivi reali che sono alla base del suo comportamento.

Il bambino impara molto dai vostri gesti e dalle vostre azioni. Quindi in tutti i vostri comportamenti ricordatevi sempre di agire con coerenza e per il bene del vostro bambino.

- Nei momenti di esplosione avvicinatelo a voi e dimostrategli che capite la sua difficoltà. Trasmettetegli fiducia nella sua capacità di affrontare e superare a poco a poco la situazione.
- Allestite un piccolo teatrino: inventate e drammatizzate con dei pupazzi/bambole delle piccole storie cosicché il bambino possa proiettare le sue emozioni sui personaggi e riflettere.
- Leggete o raccontate delle storie sulle emozioni e parlate delle esperienze vissute.
- Proponetegli dell'attività fisica, un gioco o uno sport per allentare le tensioni. Magari fatelo inizialmente insieme.
- Fategli esprimere i suoi stati d'animo attraverso il disegno.

È importante il clima che si respira in famiglia

Il bambino è fortemente condizionato dall'atmosfera che vive in famiglia.

Fategli vedere che anche voi provate certe emozioni, e che per affrontare eventuali preoccupazioni ne parlate e vi confrontate con gli altri perché solo così si trovano le soluzioni e si superano le difficoltà.

Ciò non squilibra di certo l'atmosfera familiare e non toglie tempo e attenzioni ai bambini, anzi può fargli intuire come sia importante dare ai problemi il giusto peso.

Ovviamente non coinvolgeteli in preoccupazioni che loro non possono conoscere o capire. Potete però spiegargli con parole semplici il vostro stato d'animo. Non dimenticate che sono bambini e hanno il diritto di vivere spensieratamente la loro età, ma allo stesso tempo fanno parte della famiglia. Cercate un giusto equilibrio fra discrezione e partecipazione.

Dimostrate al vostro bambino che le sue manifestazioni di rabbia non mettono in discussione il rapporto, e rassicuratelo che tra voi adulti i sentimenti di stima e amore non cambiano, anche dopo un litigio. Il bambino comprenderà che la discussione aiuta a conoscere meglio l'altro, e che se ben gestita non intacca il rispetto tra le persone.

Educate il vostro bambino a non reprimere le sue emozioni e i suoi sentimenti, e aiutatelo a manifestare con equilibrio i momenti di felicità e di difficoltà.

Riconoscete i suoi sentimenti e convertite queste sue energie in attività produttive: il vostro bambino sarà più libero e sereno. Parola di Tate!

7. Piange...

Tanti pianti diversi

Il pianto è la forma di espressione più intensa delle emozioni del bambino, l'atto più ancestrale, il primo. Va sopportato e riconosciuto non solo come la manifestazione di un dolore profondo, ma come una necessità.

Il pianto infatti ha almeno due funzioni. La prima è fisiologica: le lacrime lavano la cornea e permettono di eliminare corpi estranei dall'occhio; l'altra è di natura psicologica: serve a liberare una tensione, un dolore e un dispiacere.

Può avvenire in un momento qualsiasi della giornata, anche senza una precisa motivazione. Non bisogna credere che piangendo il bambino esprima sempre il bisogno di cibo, un dolore o una forte emozione. A volte è semplicemente indice di affaticamento, magari da adattamento, o può anche essere una richiesta di consolazione, o un modo per scaricare l'ansia e acquietarsi a poco a poco.

Cercate di prendere il pianto come se fosse una conversazione: non sarà sempre comprensibile o facile, ma in fondo anche tra adulti spesso è così!

Un adulto ben presto impara a riconoscere il pianto del proprio bimbo se vive con lui. Si tratta sempre della stessa sequenza (espirazione, pausa, inspirazione, altra pausa) di intensità e frequenza diverse.

Se non smette di piangere

Spesso contro il pianto si può fare davvero ben poco. L'importante è che non vi sentiate incapaci e frustrati se non riuscite a farlo smettere: il bambino lo avvertirebbe senza migliorare la situazione.

L'unica accortezza da avere nel caso il bambino non smetta di piangere è chiedersi se sta esprimendo un dolore fisico non passeggero. In tal caso è opportuno rivolgersi a un medico.

Cercate però di decodificare il più possibile il motivo del suo pianto:

- È importante saper riconoscere bisogni diversi a età diverse. Per esempio un neonato chiederà principalmente cure e "sollievo", un bimbo di sette-otto mesi vorrà la presenza dell'adulto o cercherà conforto.
- Se piange durante la poppata, agitandosi, stiracchiandosi, potrebbe dipendere dal pannolino sporco, dalla temperatura dell'ambiente, o da rumori fastidiosi, o magari dal bisogno di una pausa o di una coccola.
- Se piange lontano dai pasti, in orari ricorrenti, assicuratevi che il cibo sia sufficiente e cercate di capire se sia il caso di integrare la sua dieta.
- Se il pianto avviene durante i pasti, verificate la temperatura della pappa, oppure valutate se il vostro bambino potrebbe avere sonno o soffrire per delle coliche gassose. Se un'ora dopo il bimbo piangesse ancora, rivolgetevi al vostro pediatra.

La ricetta delle Tate:

Consolare il suo pianto

Ingredienti:

pazienza

costanza

- Affrontate con serenità il pianto del vostro bambino senza contagiarlo con la vostra tensione, predisponetevi all'ascolto e parlate con voce calma.
- Non enfatizzate le piccole crisi né sminuite gli episodi di pianto apparentemente non giustificato. È importante trovare il giusto approccio.
- Non costringetelo a smettere distraendolo. Aspettate per tutto il tempo necessario e osservatelo per intuire le sua richieste e appagarle, nel caso lo riteniate giusto.
- Non anticipate le sue richieste e qualche volta rassegnatevi solo a prenderlo in braccio e coccolarlo aspettando che passi, senza dover trovare una motivazione a tutti i costi.
- Se lo usa, proponetegli il ciuccio, che ha un effetto rassicurante e consolatorio, oppure dategli un piccolo sorso d'acqua.
- Portatelo in un luogo raccolto nel quale possa sentirsi al sicuro, provate ad adagiarlo nella sua culla con una coperta e fategli ascoltare suoni tranquilli, dolci fruscii…
- Cullatelo leggermente e quando l'intensità del pianto diminuisce, riponetelo nella culla e continuate a far sentire la vostra presenza tenendo la mano sul suo pancino.
- Provate a cullarlo a pancia in giù (per un breve lasso di tempo): questa posizione favorisce l'equilibrio e lo protegge dalla sensazione di cadere nel vuoto.

Se proprio non riuscite più ad ascoltarlo

Tutti sappiamo che il pianto di un bambino ci colpisce profondamente, e che a volte dopo aver provato tutti i metodi per farlo smettere (cambio del pannolino, abbracci, dondolii, biberon, ninne nanne e altro ancora) finiamo per perdere la pazienza. Un pericoloso meccanismo vizioso fa sì che più il bambino piange, meno lo sopportate. Chi non vorrebbe la bacchetta magica in quei momenti?

Vi sveleremo un segreto: non esiste elisir contro il pianto di un bambino! A volte bisogna rassegnarsi ad accettarlo, e gli unici rimedi efficaci sono la calma, la voce controllata e l'accettazione.

Può succedere che il vostro bambino abbia bisogno di piangere e cerchi l'occasione per farlo, per esempio dopo un rimprovero o una negazione. Lasciate che si sfoghi: deve liberarsi del suo carico emotivo, e dopo starete tutti un po' meglio.

Il suono e l'intensità del pianto hanno in ognuno di noi una risonanza diversa in base alle proprie esperienze. Vi siete mai chiesti come alcuni riescano a tollerare le urla dei bambini? Si tratta sempre di un fattore soggettivo che a volte rispecchia anche il proprio vissuto di figli e può avere implicazioni psicologiche profonde.

Se proprio non sopportate quel suono che vi agita, allontanatevi dalla stanza, calmatevi e poi riprovate. Fatevi aiutare da un altro adulto. Mantenete l'atteggiamento giusto e provateci più volte: riuscirete a non perdere la pazienza e a superare la fase critica.

Perché perdere la pazienza, urlare, agitarsi non aiuta mai. Occuparsi di bambini non è un compito facile: spesso si apprende solo per prove ed errori, e le uniche formule magiche sono l'amore e la volontà.

Non scoraggiatevi mai e il vostro bambino saprà vivere in serenità e allegria.

8. Dimmi, ti ascolto

Comunicare senza parole

Anche quando ancora non sa parlare, il bambino comunica. Lo fa attraverso il pianto, il sorriso e l'espressione facciale: sono le esperienze tattili e sensoriali in questa prima fase a creare un legame tra il bambino e chi lo alleva.

Con il pianto, che già segnala un'esplicita richiesta, il bambino ci fa sentire la sua voce, parla di sé.

Nelle prime settimane di vita il neonato può assumere occasionalmente alcune espressioni facciali che l'adulto interpreta come felicità, disgusto o rabbia. Sappiate che ancora non si tratta di espressioni intenzionali.

Il sorriso

Verso il secondo-terzo mese di vita del bambino il sorriso non è più un semplice stiramento dei muscoli facciali, ma comincia ad assumere un valore comunicativo ("sorriso sociale").

Il primo sorriso solitamente è rivolto alla figura che lo alleva. Infatti sin da subito il bambino riconosce la sua immagine, anche se ancora non è completamente nitida. Distingue prima la sua voce, la sua pelle, il suo odore; poi il suo naso, i suoi occhi, la sua bocca. Verso i due-tre mesi riesce ad averne finalmente un'immagine chiara e unitaria, e con il suo sorriso comunica: "Ti riconosco, sei tu!" Il primo sorriso suscita una grande emozione e gratifica chi lo riceve: sicuramente non lo dimenticherete!

Tuttavia il vostro bambino non può sorridere sempre e a comando. Una volta scoperto il suo sorriso, si tende a stimolare il bambino in continuazione: "Perché non sorridi? Fai ancora un bel sorriso a papà? Dai, piccolino! Un sorrisino? Dai, fai vedere quanto sei bravo!"

Certamente il sorriso è una conferma molto piacevole, ma il bambino ha un grado di attenzione limitato, e ha bisogno di pause tra una stimolazione e l'altra, soprattutto nella prima fase di vita.

Imparate a rispettare i tempi del bambino. Le continue e pressanti richieste rischiano di diventare imposizioni alle quali i bimbi devono sempre rispondere positivamente. Il rapporto faccia a faccia è un'esperienza davvero coinvolgente, ma talvolta crea al bambino una stimolazione emotiva elevata, che non è ancora capace di sostenere.

E adesso parlo anch'io

Le prime sillabe

Ecco che il bambino comincia a prestare attenzione ai suoni che produce, ed è contento di sentirseli ripetere dagli adulti che si occupano di lui. Questi giochi, oltre a esercitare le capacità fonetiche del bambino, gli permettono di imparare che con i suoni si può comunicare!

Poi il bambino passerà progressivamente da una comunicazione del tutto non verbale a una anche verbale, e tra i quattro e i sei mesi comincerà a ripetere alcune sillabe. Questo fenomeno, noto come lallazione, diventa gradualmente più complesso e variato ("ta-ta... ma-ma"). Comincia così a realizzarsi una forma di comunicazione più ricca tra il bambino e chi lo accudisce.

Sappiate che di solito la lallazione coincide con la fase in cui il bambino batte ripetutamente un oggetto: prova piacere a provocare reazioni nell'ambiente che lo circonda.

I bambini imparano a parlare attraverso gli stimoli fisici e acustici. Prima di poter nominare correttamente un oggetto, il bambino deve percepirlo e interiorizzarlo. Il bimbo guarda l'oggetto, lo tocca, ne sente l'odore, lo assaggia, lo manipola, lo agita, lo fa cadere. Così riesce a rappresentare mentalmente l'oggetto e a metterlo in relazione con il proprio corpo.

Le prime parole

Il bambino scopre il mondo dei suoni e inizia a giocare con le parole, e in questa fase deve essere lasciato libero di esprimersi. Cercate di non correggergli le parole, con formule come: "No! Non si dice così, ma..." perché potrebbe demoralizzarsi. Invece vi consigliamo di suggerirgli: "Vuoi per caso dire...?" È importante che il bambino pronunci i suoni per sperimentare le emissioni e le formulazioni del suo linguaggio.

Un bambino di otto mesi pronuncia: "Du-dù... du-dù...", riferendosi al suo orsetto.
Se la mamma porgendogli il peluche lo corregge ("Giacomo, non è il du-dù... nooo du-dù... è l'orsetto... or-set-to, capito? ORSETTO!"), rischia di demotivarlo. Meglio rispondergli: "Ho capito Giacomo... vuoi il tuo orsetto!"
In questo modo gli si permette di assimilare il nome giusto e, allo stesso tempo, lo si gratifica dimostrando di aver capito la sua richiesta.

Attraverso questi giochi vocali, il bambino inizia ad appassionarsi alla magia dei suoni e presto pronuncerà la sua prima "vera" parola.

"Papa... papà... mamma... nonno..."

Quando il bambino pronuncia la sua prima parola, attesa con tanta trepidazione ed emozione, tutti si precipitano a festeggiare con immensa gioia questo momento speciale. Ha detto la sua prima parola comprensibile: è il suo primo passo nella vita sociale!

"Mammmma", "Papàaa", "Nonnaaa": il bambino impara a chiamare la persona che si prende cura di lui perché è felice quando la vede accorrere al suo richiamo. Le prime parole infatti nascono dal desiderio di comunicare con le persone più care che si occupano di lui e lo sollecitano a esprimersi. Anche più tardi l'apprendimento del linguaggio ha una forte connotazione affettiva: infatti il legame affettivo è il "terreno" su cui si sviluppa la comunicazione.

Si può definire "parola" anche solo una sequenza di suoni purché il bambino la utilizzi riferendosi sempre allo stesso oggetto e dimostri quindi di aver individuato una "corrispondenza". Per esempio se il bambino per riferirsi al cane dice sempre "nane", questa è una parola.

Ricordate che ogni bambino è diverso dagli altri e non tutti pronunciano le prime parole nello stesso periodo. Ci sono tanti motivi per cui un bambino può iniziare a parlare più tardi rispetto agli altri, ma non bisogna preoccuparsi e temere ritardi o problemi nell'apprendimento. Per alcuni l'apprendimento di nuove parole è estremamente rapido e per altri invece l'incremento è più graduale. Questo non implica che non riusciranno a raggiungere ugualmente un adeguato sviluppo linguistico. Siate quindi sereni e affidatevi sempre ai consigli di un esperto.

Ecco qualche indicazione, che va utilizzata con grande serenità e senza allarmismi:

- Tra i 4 e gli 8 mesi si ha la lallazione (produzione ripetuta di sillabe).
- Tra i 9 e i 12 mesi compaiono le prime parole.
- A partire dai 18 mesi il vocabolario si amplia notevolmente.
- Tra 18 e i 24 mesi il bambino inizia a comporre parole-frasi e progredisce nella comprensione linguistica.
- A un anno si nota il fenomeno dell'"olofrase": il bambino esprime con una sola parola una frase più complessa. Per esempio può dire "pappa" e può esprimere "voglio la pappa" o " non voglio più la pappa" o " non c'è altra pappa?"

- Tra i 24 e i 36 mesi la lunghezza media delle frasi aumenta. Compaiono le prime proposizioni dichiarative "Questo è un cane" o "Questa è la tata", e il bambino comincia a saper concordare soggetto e verbo.
- Dai tre anni in poi la struttura sintattica delle frasi del bambino diventa sempre più complessa.

Il periodo del perché

Verso i tre anni inizia il periodo in cui il bambino vi domanderà incessantemente: "perché?" Si tratta di una fase importante: il bambino arricchisce il suo vocabolario e riflette sulle relazioni causa-effetto.

Tutti i bambini fin dalla nascita sono naturalmente portati all'apprendimento linguistico, che si evolve di pari passo con lo sviluppo cognitivo, cioè del pensiero. L'ambiente in cui il vostro bambino cresce gioca un ruolo fondamentale per gli stimoli che gli offre.

Imparare a comunicare grazie alla lingua implica la graduale acquisizione di specifiche capacità: la distinzione dei suoni, l'assimilazione delle regole grammaticali, l'utilizzo di un lessico appropriato, l'abilità nel variare le proprie espressioni a scopi relazionali.

È nei primi tre anni di vita che si pongono le basi di un buon apprendimento linguistico. È importante che la famiglia lo stimoli rispettando le sue caratteristiche individuali.

Dai tre-quattro anni il bambino comincia a saper usare correttamente i modi verbali e a formulare frasi interrogative: il suo sviluppo verbale dipenderà dal vostro modello linguistico, dalla scuola materna, dal clima familiare.

Stimolare le capacità linguistiche

Attraverso il gioco

L'adulto non dovrebbe mai proibire gesti "primitivi" e ripetuti come battere, scuotere o far rumore con gli oggetti (anche a rischio che si rompano): l'"esplorazione" attraverso il gioco aiuta il bambino a dare un nome e una collocazione a ciò che lo circonda.

Quando gioca e nelle attività quotidiane, date un senso ai vostri e ai suoi gesti verbalizzandoli e valorizzandoli. Parlate e giocate con lui: contribuirete a sviluppare le sue capacità linguistiche. Nominate persone, animali e oggetti il più possibile cosicché il bambino possa assimilare parole nuove e memorizzarle.

La verbalizzazione delle azioni è molto utile: "Bravo Andrea, stai prendendo il libro e adesso lo leggiamo". Grazie a espressioni come questa, il vostro bambino assimilerà nuove parole e concetti, e li collegherà tra loro. Anche quando si descrive qualcosa che il bambino conosce già, come le attività quotidiane o i giochi, il suo linguaggio ne trarrà arricchimento.

E ricordate che il gioco con i coetanei è un'esperienza decisamente stimolante anche sotto il profilo linguistico.

L'imitazione è un comportamento significativo anche dal punto di vista linguistico: il bambino assorbe le cose che ascolta e registra un patrimonio immenso di informazioni.

E se sbaglia?

Con il continuo e graduale accrescimento del vocabolario, il bambino si dimostra in grado di combinare le parole in modo significativo per formare poche semplici frasi, che poi diventano sempre più numerose e complesse. Talvolta però la pronuncia non sarà corretta. Che fare in questi casi?

Di fronte a una parola pronunciata in maniera distorta o a una frase scorretta, da una parte non è bene fingere di non capire. Neanche chiedergli con tono indagatore di ripetere ciò che ha appena pronunciato sarebbe una buona idea perché, oltre a scoraggiare il vostro bambino, potrebbe anche generare inibizioni.

Dall'altra parte, non dovete neanche fingere di aver capito tutto ciò che ha detto... Bisogna avere un atteggiamento positivo verso il linguaggio del bambino, accettando quello che dice ma riformulando subito la frase in modo corretto: così potrete verificare se avete capito quello che il bambino ha detto, e nello stesso tempo gli consentirete di imparare la parola corretta.

È giusto lasciare il vostro bambino libero di esprimersi, ed è bene fargli sempre domande per sollecitarlo a trovare nuovi modi per chiarire il concetto iniziale.

Con l'esercizio e la vostra costante partecipazione, il vostro piccolo imparerà presto a sviluppare la sua creatività e a esprimerla attraverso un vocabolario ricco e appropriato. Parlate con il vostro bambino: stimolerete così lo sviluppo delle sue capacità linguistiche oltre a costruire un rapporto basato sul dialogo e sull'ascolto. Questo è un suggerimento che sentiamo di darvi qualunque età abbia il vostro bambino.

La ricetta delle Tate:

Stimolare le capacità linguistiche

Ingredienti:

pazienza
costanza
fantasia
amore

- Sollecitate il bambino a pronunciare suoni o parole nuove.
- Gratificatelo a prescindere dal risultato. Si gratifica lo sforzo e non solo la correttezza della parola.
- Riformulate la parola o la frase nel modo giusto per fornirgli il modello linguistico corretto e per verificare se avete capito bene quanto pronunciato dal bambino.
- Se il bambino è molto piccolo, rispettate i suoi tempi di attenzione: non deve essere un allenamento estenuante, ma un atto piacevole.
- Se il bambino sta raccontando qualcosa ed è preso dall'enfasi della narrazione, non interrompetelo per correggere eventuali errori. Piuttosto lasciatelo finire per poi fargli domande più dirette in modo che possa precisare alcuni concetti e ripetere le frasi che prima non aveva formulato correttamente.
- Non correggetelo prendendolo in giro.
- Non paragonate lo sviluppo del vostro bambino a quello degli altri. Ogni bambino è diverso.
- Parlate al vostro bambino, comunicategli affetto e gioia nello stare insieme.

(continua)

- Raccontategli una storia, una fiaba o una favola e piano piano iniziate a stimolarlo anche facendogli qualche domanda.
- Giocate insieme a lui, è il miglior modo per stimolare la comunicazione oltre che arricchire la relazione.
- Monitorate con attenzione i programmi tv: non tutti sono adatti all'età del bambino.
- Istituite una forma di "igiene verbale" all'interno delle mura domestiche.
- Spiegate sempre al bambino il significato delle parole nuove.

9. Ci vediamo tra un po'

La prima separazione

Il primo allontanamento dal vostro bambino è sicuramente un momento molto difficile da affrontare, sia per il piccolo sia per voi. Ma non dovete sentirvi in colpa se lavorate e qualcun altro accudisce il vostro bambino durante la vostra assenza. Andare a lavorare è un sacrificio per tutti: certo, sarebbe bello poter stare sempre insieme! E a volte il distacco rende ancora più prezioso il momento in cui ci si ritrova la sera a tavola a chiacchierare e osservare le piccole conquiste del bimbo.

Qualsiasi persona di fiducia abbiate scelto per il primo distacco (nonni, zia, baby sitter, tata, nido, amici), la situazione non è mai semplice. Il pensiero più ricorrente nella vostra testa è: "Se lui stesse male o avesse bisogno di me, io non ci sarei!"

Non è così! Cercate di essere più sereni: da quando siete insieme, si è creato un legame che un breve periodo di lontananza non può né cancellare né scalfire. Le relazioni intime che si creano all'interno del nucleo familiare non si annullano, né si dimenticano. Quindi piuttosto concentratevi sui momenti che trascorrete insieme e curate costantemente il vostro rapporto.

Al momento del primo distacco il bambino prova delle emozioni nuove, strane. Può essere spaventato o arrabbiato: non capisce perché deve stare con un'altra persona, quando il suo unico desiderio è stare in braccio al suo adulto di riferimento. Aiutatelo e rassicuratelo: fategli capire che al vostro rientro starete insieme. Il distacco da voi gli permetterà di diventare autonomo, di sviluppare la sua individualità e autostima, e di cominciare a conoscere il mondo: insomma di crescere. È proprio come un ingresso ufficiale in società, e il vostro unico compito è sostenerlo. Per prepararlo e rassicurarlo utilizzate anche i giochi in cui un oggetto scompare e riappare.

Nido o baby sitter?

La risposta giusta la sapete solo voi che conoscete e accudite il vostro bambino. Valutate sempre l'aspetto economico, la quantità di ore da coprire, l'età del bambino e il suo stato di salute. Se è molto piccolo e di salute cagionevole l'ingresso al nido andrebbe posticipato.

Forza e coraggio!

Al momento di lasciare il proprio piccolo in un luogo nuovo e/o con una persona nuova, vederlo piangere e allungare le braccia verso di voi può essere straziante! Non fatevi condizionare da questi primi momenti perché spesso, appena viene chiusa la porta del nido, il vostro bambino comincia all'istante a giocare e a esplorare il nuovo ambiente.

Anche se il primo distacco è vissuto dal bambino come un momento di grande intensità emotiva, tuttavia la vostra assenza favorisce un momento di crescita importante in cui il bimbo prende coscienza di sé, e diventa più autonomo e sicuro. Quindi non vivete il distacco come una rottura: è un'occasione di emancipazione. Inoltre questo momento non è mai lasciato al caso; le persone che avete scelto per lui saranno attente e affidabili, e monitoreranno la situazione per voi.

> Sappiamo quanto sia difficile staccarvi dal vostro bambino, ma proprio il vostro atteggiamento sicuro nel congedarvi da lui gli permetterà di sentirsi capace di allontanarsi e di vivere certi momenti in autonomia e serenità.

Questi primi momenti di distacco e di lontananza inizialmente avranno delle ripercussioni sulla vostra relazione. Possono esserci reazioni inusuali: per esempio al momento di andare a riprenderlo potrebbe piangere o snobbarvi! Lo fa per comunicarvi che durante la vostra assenza ha vissuto intensamente dei momenti nei quali ha dovuto fare tutto da solo, e compiere delle scelte!

> Ci vuole audacia per procurarsi un gioco ambito anche dagli altri bambini o per non farselo soffiare con arroganza! Con il suo atteggiamento di distacco o indifferenza è come se il bambino volesse dimostrarvi la grande fatica che ha dovuto fare in vostra assenza.

Nel primo periodo dell'inserimento i bambini assumono atteggiamenti di eccessivo attaccamento e protesta. Ci saranno pianti immotivati, risvegli notturni, manifestazioni di rabbia, inappetenza e tanti altri segnali attraverso i quali il vostro bambino vi trasmetterà il suo momentaneo disagio. Non preoccupatevi: rassicuratelo, stringetelo tra le braccia quando vi rivedete, ma senza sensi di colpa. Lasciate che sia lui a chiedere attenzioni e a saziarsi di coccole. Siate "a sua disposizione" affettivamente, ma non cambiate la vostra linea educativa per edulcorare il periodo "difficile".

Il distacco è un momento di crescita molto impegnativo. È una fase necessaria per lo sviluppo dell'autostima e comporta molta fatica. Sostenete i vostri bambini e aiutateli: posticipare questo momento non lo renderà meno faticoso.

A volte invece il bambino sembra adattarsi fin da subito: affascinato e incuriosito dalle nuove persone, non piange e non manifesta in alcun modo il cambiamento. In questi casi i bimbi realizzano e metabolizzano la lontananza e il distacco dall'ambiente domestico e dai familiari in modo più tardivo. A volte la fase critica può presentarsi anche a distanza di mesi, quindi aspettatevela, sempre! Tutti i bambini vivono la "crisi" dell'inserimento al nido o a scuola.

L'asilo nido

Per la scelta del nido:

- Valutate la distanza tra casa/lavoro e il nido. Non è piacevole trascorrere molto tempo in auto, pur stando insieme durante il percorso.
- Valutate se gli orari di apertura e chiusura sono comodi rispetto ai vostri impegni di lavoro.
- Fate caso alla scrupolosità degli orari di ricevimento che sono indice di serietà della struttura.
- Osservate gli spazi interni ed esterni: valutate se sono colorati, luminosi e soprattutto puliti. La pulizia è un indicatore di qualità da non trascurare mai!

- Osservate l'accoglienza e la disponibilità del personale: fatevi consegnare il POF (piano dell'offerta formativa).
- Chiedete quali attività sono in programma: è importante che siano varie e abbiano come finalità l'arricchimento delle esperienze sensoriali. Per lavoretti super complicati e corsi di lingua c'è ancora tempo!
- Parlate con il dirigente della struttura e fategli domande sulla preparazione e l'esperienza del personale: solitamente è ben formato, ma la vostra curiosità è lecita e approfondire non guasta.

Dopo un'attenta valutazione sia di tipo oggettivo sia personale, affidatevi alla struttura scelta e cercate di "partecipare" alla vita del nido.

L'inserimento al nido

Dedicate all'inserimento tutto il tempo necessario: vedrete che in futuro ne avrete tutti giovamento. Qualsiasi adulto della famiglia che conosca bene il bambino (nonni, baby sitter, zii ecc.) può occuparsi dell'inserimento. Prima di iniziarlo sarete invitati a un colloquio con l'educatrice di riferimento, durante il quale ci sarà un chiaro e onesto scambio d'informazioni sul bambino e sulle sue abitudini. Inoltre potrete chiedere delucidazioni sulle dinamiche della giornata, sulle attività, su come è strutturato l'inserimento e sulle possibili reazioni del bambino. L'inserimento al nido può durare da un periodo di due settimane fino a un mese. Avviene sempre in modo graduale, per consentire al piccolo di ambientarsi e di capire a chi rivolgersi nel momento del bisogno. In genere, durante la prima giornata il bimbo e l'adulto trascorrono nella struttura lo stesso periodo di tempo.

Procuratevi una rivista o un libro: dovete trasmettere al vostro bambino la più totale tranquillità e indifferenza. Il vostro compito consiste nel farvi trovare sempre al solito posto (su di una panchina o una sedia in un punto preciso della stanza), in modo che lui possa con uno sguardo ritrovarvi sempre là.

Nei momenti come il cambio del pannolino e della merenda, il primo giorno farete tutto voi, mentre in seguito sarà compito dell'educatrice che affiancherete: il bimbo infatti deve vedere il passaggio diretto da voi a lei e deve accorgersi della fiducia totale tra voi due.

Nei giorni successivi durante la permanenza al nido è previsto un momento in cui voi vi allontanerete per dieci-quindici minuti. Salutate il vostro bambino: "Ora vado un momento, poi vengo a prenderti e andiamo a casa. Tu stai pure qui tranquillo a giocare e, se hai bisogno, chiedi a Paola. Ciao, ci vediamo dopo!" È probabile che il bambino pianga. Non fatevi però tentare dalle sue braccine tese, dai lacrimoni che gli scorrono sul volto mentre cerca di divincolarsi per correre da voi. Più lui si comporterà in questo modo, più significherà che non gli state trasmettendo serenità e fiducia in lui e nel luogo dove avete scelto di lasciarlo.

Il vostro atteggiamento deve essere comprensivo, emotivamente equilibrato, ma deciso e sereno. Il personale sa cosa deve fare: al momento giusto vi indicherà di andare e voi dovete farlo senza espressioni tristi o sguardi di sconforto.

Se il bambino percepisce che non siete tranquilli, penserà: "Se è così preoccupata, forse devo esserlo anche io!" Congedatevi con fermezza, ma al vostro rientro non dimenticate di accogliere quel suo "dolore", magari dicendo: "So che è stato difficile per te salutarmi, ma vedi che sei stato proprio bravo, e poi qui hai fatto tutto da solo, hai giocato, hai chiesto aiuto, bravo!"

Comunicate tutto alla persona che segue l'inserimento e coinvolgetela nelle richieste del vostro bambino (per esempio: "Marco ha fatto la pipì, possiamo andare a cambiarci?", "Marco ha sete, posso prendere l'acqua?") Così trasmettete al bambino che quello è l'ambiente dell'educatrice e che è lei la persona alla quale deve fare riferimento.

Nei giorni successivi all'inserimento è anche previsto che condividiate con lui il momento del pasto e del sonnellino: i periodi di distacco si allungheranno progressivamente e la vostra presenza non sarà più richiesta. Il periodo di durata dell'inserimento può variare in base alla risposta del bambino, quindi si può velocizzare o rallentare: il personale educativo lo concorderà con voi.

La ricetta delle Tate:

Aiutarlo a inserirsi al nido

Ingredienti:

- tempo
- coerenza
- coinvolgimento
- costanza
- tanto amore

- Preparate il bambino raccontando cosa gli accadrà e dove andrà nei giorni successivi: rassicuratelo con disinvoltura.
- Fategli portare degli oggetti di casa (foto, qualche giocattolo ecc.): rappresenteranno per lui un collegamento con la casa e con voi durante la vostra assenza.
- Procurate al personale tutto ciò che può servire al piccolo (ciuccio, gioco preferito, o altro).
- Quando il vostro bambino è a casa, ogni tanto ricordategli il nido (nominando l'educatrice e i compagni).
- Se fate una passeggiata, raccogliete con lui degli oggetti (sassi, foglie, pigne, castagne, conchiglie...) da portare al nido. Così creerete continuità tra l'esperienza del nido e le altre del suo vissuto.
- Coinvolgetelo nella preparazione del materiale da portare al nido: bavaglini, asciugamani, cambi d'abito ecc.
- Non regalate alla struttura giocattoli appartenuti al vostro bambino senza che lui se ne accorga e sia d'accordo (non capirebbe perché condividere quell'oggetto con gli altri bambini).

(continua)

- Non fategli fare giorni di assenza dal nido senza un valido motivo, perché riprendere potrebbe rendere le cose ancora più difficili.
- Rispettate gli orari.
- Non parlate mai in modo negativo davanti al bambino della struttura o del personale: il vostro malcontento potrebbe condizionarlo.
- Non "corrompete" il vostro bambino con promesse o regali affinché non pianga o faccia il bravo al nido: deve viverlo come luogo positivo, che non ha bisogno di premi per essere accettato.
- Non mettetevi in competizione con il personale: questo sminuirebbe l'utilità e l'importanza dell'esperienza del nido.
- Se ne sentite l'esigenza, chiedete informazioni agli educatori: è lecito sapere che cosa ha fatto il vostro piccolo nelle tante ore che vi hanno separato. Fatelo senza essere invadenti e senza giudicare, e affidatevi con tranquillità al personale e alla struttura scelta.

In casa con la baby sitter

Quando si sceglie la persona che si dovrà occupare del proprio bambino entrano in gioco molti fattori di tipo emotivo e affettivo. Spesso ci si pone domande del tipo: "Non sarebbe il caso che stesse con me invece che con un'estranea?", "E se poi soffre mentre io non ci sono?", "E se lui la preferisse a me?", "E se facesse del male al mio bimbo?", "E se gli permettesse di fare cose che non approvo?", "E se lo trascurasse?"

Sono domande assolutamente lecite. Per risolvere questi dubbi bisogna agire con razionalità. Per esempio, è bene partire dal curriculum della persona candidata: il fatto di aver compiuto studi nel settore infantile vi darà già una certa garanzia di competenza.

Ricordate che se avete scelto di lasciare il bimbo a un'estranea è perché avete ampiamente valutato tutti i pro e i contro. Se la persona scelta si sentirà a suo agio e non sotto accusa, vi racconterà con serenità la giornata trascorsa con il bimbo, gli eventuali scontri, i pianti, i momenti di allegria e le esperienze. Se il vostro bambino ha vissuto un momento di disagio con la baby sitter, è importante che ne parli e che lo si aiuti a superare le difficoltà. Ovviamente quando c'è un'altra persona a occuparsi di lui le sue abitudini cambiano, malgrado si cerchi di mantenerle uguali. Pensatevi come una squadra: tutti insieme per lui!

Se invece il rapporto con la baby sitter fosse molto intenso e positivo, non sentitevi esclusi o messi da parte: questo significa solo che il bimbo è sereno e si è abbandonato alla persona che avete scelto per lui. Se non sono state solo la sua competenza e preparazione a guidarvi nella scelta, ma anche quel "non so che" di empatico, difficilmente dubiterete della sua buona fede e sicurezza, anche se questo non vi esime dall'essere presenti e coinvolti nell'organizzazione della giornata del bimbo.

Come scegliere la baby sitter

Per scegliere la persona che faccia al caso vostro, riflettete bene:

- La preferite giovane, meno giovane? Deve essere una persona che già conoscete o no? Dev'essere necessariamente esperta? Meglio tranquilla o dinamica? Estroversa o discreta?
- Cercate di capire con una lunga chiacchierata se ha abitudini

(continua)

e valori simili ai vostri: questo favorirà da subito una buona interazione con il bambino.

- Chiedetevi se questa baby sitter è interessata solo al compenso o anche al bene del vostro bambino.
- Valutate se la cifra è adeguata alla competenza e alle qualità della persona.
- Considerate che l'ordine e la pulizia personale sono sinonimo di maturità ed equilibrio.
- Valutate la puntualità e la serietà della persona (avvisi e informazioni dati per tempo ecc.).
- Cercate di capire se la vostra comunicazione è limpida o se ci sono difficoltà: nel rapporto con lei serenità e chiarezza sono essenziali!

I primi giorni con la baby sitter

Abituarsi alla presenza della baby sitter in sostituzione dell'adulto di riferimento può essere più semplice dell'inserimento al nido perché il bambino non deve adattarsi anche a un nuovo ambiente. La presenza della baby sitter deve essere quanto più costante possibile: per un bambino piccolo le abitudini e le ripetizioni sono fonte di equilibrio.

Anche in questo caso prendetevi tutto il tempo necessario ad abituare il bambino alla nuova situazione. La presenza di uno degli adulti che si occupano di lui è fondamentale, quindi organizzatevi. Fate prima un incontro con questa persona, alla quale racconterete le abitudini del vostro bambino e darete tutte le informazioni che ritenete importanti. Trovate del tempo da dedicare a questo passaggio delicato e importante: sarà utile trascorrere alcuni momenti tutti e tre insieme per conoscervi meglio. Anche poche ore al giorno per due-tre giorni saranno sufficienti.

Alcuni consigli:

- Fate "come se nulla fosse": giocate un po' con lui e poi dedicatevi ad altro ma rimanete "a vista", poi allontanatevi e fate quello che vi impegna di solito (leggete, cucinate, stirate, cucite ecc.).
- Permettete alla baby sitter di entrare in sintonia con il vostro bambino secondo i suoi tempi: se intervenite di continuo non le darete possibilità di stabilire un contatto di fiducia con il bambino.
- Non spingetelo a giocare con lei, otterreste l'effetto opposto. Il bimbo potrebbe pensare: "Perché mi costringe e stare con lei? Ma io non voglio, non la conosco!"
- La prima volta sarete voi a cambiargli il pannolino, a dargli da mangiare, a portarlo a fare la nanna, ma con la baby sitter al vostro fianco. Nei giorni successivi invece delegate a lei questi compiti, affiancandola, di modo che il bambino viva il passaggio in modo graduale e spontaneo. Poi, dopo circa due-tre giorni di conoscenza, allontanatevi da casa per un periodo relativamente breve (quindici-trenta minuti).
- Salutate il bambino quando uscite: dileguandovi all'improvviso creereste timori e ansie che complicherebbero la situazione, oltre che infondere sfiducia in voi.
- Se piange rassicuratelo. Non mostrate incertezza o timori, altrimenti leggerà il vostro atteggiamento come una forma di sfiducia nella baby sitter. Facilitate invece l'istaurarsi di una relazione serena tra loro.
- Al vostro rientro salutatelo e interessatevi alle cose fatte in vostra assenza. Coinvolgete la baby sitter nel racconto e dimostrate entusiasmo.

- Quando la baby sitter non è in casa, cercate di nominarla spesso, in modo che nel bambino possano a poco a poco farsi spazio l'immagine e il ricordo della nuova persona.

I nonni sitter

Non dimentichiamo la grande risorsa che sono i nonni! Non tutti hanno la fortuna di avere la loro preziosa presenza e collaborazione. Se avete dei nonni "disponibili", la scelta di affidare a loro i bambini durante la vostra assenza va ugualmente valutata bene. È naturale porsi domande del tipo:

- Interferiranno nell'educazione del bambino?
- Rispetteranno le mie indicazioni?
- Come reagiranno se lui fa il monello?
- In veste di nonni si comporteranno come facevano da genitori?
- E se volessero sostituirsi a me?
- Me lo diranno se pensano che si tratti di un impegno difficile e faticoso?
- Mi criticheranno come genitore?

Insomma, discutete in famiglia prima di prendere una decisione. Farsi carico dei nipoti è un compito impegnativo per i nonni: non vorrebbero mai sbagliare o farvi un torto, ma i rischi sono dietro l'angolo. Quindi parlatene serenamente e considerate sempre la possibilità di affiancare al "lavoro di nonni" una baby sitter o una struttura come un asilo nido. Perché se dovessero emergere incomprensioni e fraintendimenti, sarebbe un peccato compromettere i rapporti di parentela, anche perché il vostro malcontento e nervosismo ricadrebbero sul bambino.

Se siete sereni e avete valutato tutti i rischi e i vantaggi, procedete e godete dell'esperienza che gli anni hanno regalato ai simpatici nonni!

Il primo giorno di scuola

L'inserimento a scuola è un passaggio significativo che per il bambino rappresenta un grande cambiamento: l'ingresso in un contesto sociale diverso, con altre figure di riferimento e nuovi amici. Sia per il bambino sia per gli adulti che si occupano di lui è l'inizio di un nuovo percorso di crescita. È un evento che va ben organizzato: nulla deve essere lasciato al caso.

La ricetta delle Tate:

Prepararlo al primo giorno di scuola

Ingredienti:

- pazienza
- amore
- coinvolgimento

- Raccontategli com'è stato il vostro primo giorno e quanto sarà interessante e divertente andare a scuola.
- Provate a fissare un appuntamento con i genitori di un compagno di classe, un amichetto, e organizzatevi per fare insieme il tragitto verso la scuola. Questo aiuterebbe tutti, perché

(continua)

avere un confronto sincero con gli altri quando si condividono le stesse difficoltà rassicura e dà sostegno.

- Mostratevi tranquilli di fronte a eventuali reazioni di sconforto e ansia da parte del vostro bambino.
- Fategli scegliere il materiale di cancelleria e preparate insieme a lui la cartella. Potete suggerirgli di aggiungere un peluche o il suo giocattolo preferito.
- Accompagnatelo in classe e fermatevi con lui per il tempo necessario già concordato con gli insegnanti.
- Salutatelo e comunicategli che ritornerete a prenderlo al termine delle lezioni. Un abbraccio, un bacio e anche voi vi sentirete meglio e pronti per iniziare il nuovo percorso…

10. Comportati bene, altrimenti...

Educare con premi e punizioni

Nella nostra esperienza di tate, ci è capitato spesso di confrontarci con famiglie che nella loro pratica educativa utilizzano premi e punizioni: "Se non riordini i tuoi giocattoli ti metto in punizione", "Se fai tutti i compiti ti compro le figurine".

Sono metodi che funzionano? Certamente potrebbero funzionare, ed è gratificante vedere che il bambino ubbidisce prontamente ai vostri ordini. Ma un atteggiamento autoritario e minaccioso non è l'unica strada perseguibile, anche se apparentemente è la più semplice, o quantomeno quella che dà risultati immediati.

Si rischia che con questi metodi il bambino obbedisca ma senza capirne il motivo: perché deve riordinare i suoi giochi? Perché deve finire i compiti?

Se si utilizzano abitualmente premi e punizioni si rischia che il bambino non comprenda il valore delle regole ma obbedisca solo perché riuscirà a ottenere qualcosa o a sfuggire a una punizione: farà tutti i compiti non perché è suo dovere, ma perché in cambio riceverà le figurine. Il suo comportamento sarà la diretta conseguenza della promessa o minaccia degli adulti, e quando non si sentirà minacciato o non si aspetterà un premio probabilmente non vi obbedirà. Nella nostra esperienza ci siamo trovate di fronte a bimbi che replicavano ai loro genitori: " Va bene, faccio quello che mi dici... ma tu che mi dai in cambio?"

Tutti i divieti devono essere accompagnati dalla spiegazione del perché certe azioni non sono consentite: "Se non fai i compiti non impari niente e da grande non potrai fare il mestiere che ti piace", "Se non riordini la tua stanza poi non trovi ciò che ti serve", "Se rovesci il bicchiere come fai poi a bere?"

Quindi divieto assoluto di premiare? Assolutamente no!

Ma è importante che il bambino capisca il valore di un comportamento corretto e impari a riconoscerne le conseguenze positive. Non solo quelle visibili, ma anche l'approvazione di genitori, tutori, educatori. I vostri complimenti, le vostre parole di affetto e di incoraggiamento saranno più preziosi per lui di qualunque altro premio. Premiate quindi con le vostre parole e il vostro sorriso i suoi sforzi e risultati: "Sei stato bravissimo! Sono molto contento che tu abbia finito tutti i compiti!"

Educate il vostro bambino ad assumere certi comportamenti (fare i compiti, lasciare in ordine la stanza, arrivare puntuale...) perché hanno un significato e un valore importante, non perché lo attende un premio o una punizione.

Il bambino ha bisogno di sentirsi dire: "Sei stato bravissimo", ha bisogno di sapere che apprezzate certi suoi "successi". Attenzione però a non scatenare in lui l'ansia di soddisfare a tutti i costi

(continua)

le vostre aspettative. Dimostrategli invece che si può e si deve anche sbagliare e che anche dagli insuccessi si può imparare.

Ma se con il premio o la punizione il bambino obbedisce, vi chiederete voi, perché complicarci la vita?

Perché così il bambino dipenderà dai vostri permessi o divieti senza capire il perché delle cose.

Invece il bambino crescerà serenamente e in autonomia solo se riuscirete a instaurare con lui un dialogo. Il percorso della creazione di regole attraverso il dialogo è decisamente più lungo e laborioso, ma permetterà di rafforzare la fiducia reciproca.

Si fa, non si fa

Come aiutarlo a distinguere ciò che è giusto da ciò che è sbagliato? Semplicemente dialogando. Comunicate con il vostro bambino e stabilite insieme le vostre regole, identificando i comportamenti consentiti e quelli da evitare.

Fate in modo che impari a conoscere i propri limiti e a dominare i propri impulsi. Perché il bambino sappia gestire le situazioni in autonomia e consapevolezza è necessario che lo si aiuti a capire dove ha sbagliato, e quali sono le conseguenze del suo errore.

Se un bambino non fa i compiti, i genitori devono cercare di capire perché. È solo un problema di organizzazione del tempo o c'è altro? Insieme devono iniziare un percorso di dialogo.

Ricordate che il vostro bambino è il primo a essere irritato e dispiaciuto per il proprio comportamento. Aiutatelo con calma e serenità a capire dove ha sbagliato.

Un esempio: il vostro bambino non ama leggere... e si rifiuta di farlo. A scuola inizia ad avere qualche difficoltà e al colloquio con gli insegnanti scoprite che ha preso diversi "non sufficienti".

- Soluzione 1: Imposizione (punizione)

Il bambino verrà sgridato sia da voi sia dagli insegnanti. Per punizione, dal giorno successivo non potrà più utilizzare i videogiochi e dovrà leggere una pagina al giorno.

- Soluzione 2: Confronto (dialogo)

Decidete di fare una lunga "chiacchierata" con vostro figlio e i suoi insegnanti. Lui deve sentirsi libero di esprimere le sue difficoltà, i suoi desideri e le sue paure. Insieme trovate una soluzione da adottare per un mese: tutti i giorni bisognerà leggere almeno una pagina (all'inizio con il sostegno dell'adulto) e invece dei videogiochi saranno privilegiate attività alternative (sport e attività ludico-ricreative).

In entrambi i casi il vostro bambino dovrà rinunciare a qualcosa. Ma nel secondo caso lavorerete sul dialogo e sulla collaborazione, lo incoraggerete e lo sosterrete e, in più, gli farete vivere in modo più sereno l'esperienza della lettura. Il vostro bambino non vivrà il senso di colpa e la frustrazione che spesso le punizioni generano e con il vostro aiuto inizierà a responsabilizzarsi.

Alcune punizioni in particolare possono rivelarsi assolutamente controproducenti, per esempio il divieto di frequentare l'attività sportiva: per il bambino quello non è solo un momento di sfogo, ma anche uno spazio di apprendimento e socializzazione.

Spesso di fronte alla paura di essere punito il bambino ricorre a bugie e segreti. Soffrirà di sensi di colpa e il suo carico di frustrazione, ansia e impotenza non potrà che aumentare. Questo alla lunga finirebbe non solo per minare la sua autostima, ma comprometterebbe la vostra relazione e il rapporto di reciproca fiducia.

Il senso del limite

"Lo voglio!!! Me lo compri?" Quante volte vi sarà capitato di assistere a una scena del genere davanti a un negozio di giocattoli! Sappiate che con queste richieste ostinate e a volte estenuanti il bambino vuole mettervi alla prova e capire fino a che punto può arrivare.

In questi momenti dovete dargli dei limiti. Questo significa non solo imporre dei divieti, ma anche dei punti fermi. Stabilite regole chiare e fate in modo che i bambini le rispettino.

È molto importante ottenere l'attenzione del vostro bambino che, essendo consapevole del suo gesto, farà fatica a reggere il vostro sguardo. Parlategli dell'accaduto con voce ferma e guardandolo negli occhi, e spiegategli bene le possibili ripercussioni su di sé o sugli altri del suo comportamento.

La ricetta delle Tate:

Affrontare un suo comportamento scorretto

Ingredienti:

amore

coerenza

fermezza

tenacia

- Siate sinceri nel manifestare il vostro disappunto.
- Parlategli per capire le ragioni del suo comportamento, e cercate insieme di capire quale sarebbe stato il comportamento giusto.
- Dimostrate al bambino che capite le sue difficoltà anche se non siete contenti di ciò che ha fatto.
- Fategli capire che non è lui che disapprovate ma solo la sua azione. Quindi che non è "sbagliato" lui ma l'azione che ha compiuto.
- Dimostrate che i vostri sentimenti non sono cambiati, che gli volete bene a prescindere da certi comportamenti sbagliati.
- Incoraggiatelo, ditegli che siete sicuri che è in grado di fare meglio e siete pronti ad aiutarlo.

Di fronte a un comportamento corretto o a uno sforzo per migliorarsi nonostante uno scarso risultato, dimostrategli che apprezzate quello che ha fatto e che siete orgogliosi di lui. Incoraggiatelo, fategli capire che sapete quanto sia stato difficile. E non dimenticate che semplici gesti come un sorriso, una carezza, un abbraccio in questi momenti possono essere molto importanti.

Noi Tate siamo fortemente convinte della forza del confronto, del potere del dialogo e soprattutto di quanto sia importante “dare il buon esempio”. I bambini imparano moltissimo dai vostri comportamenti: cercate di essere sempre chiari e coerenti con loro.

11. Quando litigano

Il rapporto tra fratelli

Tra fratelli si litiga per un giocattolo, per una merendina, per vedere un programma televisivo anziché un altro, perché uno di loro ha preso un libro senza chiedere il permesso, per l'ultima fetta di torta...

È inevitabile che questi scontri ci siano: tra fratelli si passa da momenti di ostilità a momenti di armonia e intensa complicità. In ogni famiglia ognuno ha esigenze, bisogni e necessità differenti, quindi è normale che nascano certe conflittualità.

Tutte le relazioni implicano momenti di incontro e momenti di scontro. È nel litigio che nasce il confronto, conosci meglio l'altra persona e puoi iniziare a costruire il rapporto. Quindi allontanate l'idea che tra i vostri figli debbano esserci solo amore, rispetto, complicità e armonia: anche i litigi sono un vero toccasana nei rapporti. Le discussioni aiutano i fratelli ad affermare la propria personalità, li preparano alle relazioni presenti e future e a sviluppare la capacità di instaurare rapporti positivi con gli altri.

> Il legame fraterno è contrassegnato da affetto e solidarietà, ma anche da rivalità e gelosie. I fratelli si amano certamente, si abbracciano, ma fanno anche a botte!

Atteggiamenti eccessivi di sfida, di risentimento, di invidia tra fratelli minano alla base un rapporto che invece è potenzialmente ricco di gioie e soddisfazioni da condividere.

È bene educare subito i vostri figli a gestire la loro relazione in maniera costruttiva. Sensibilizzateli sul rispetto delle cose e degli spazi dell'altro e fate in modo che, pur concedendosi qualche scaramuccia, non oltrepassino il limite. È necessario un vostro intervento paziente, costante e mirato. Se i bambini litigano assiduamente, cercate di riflettere e di capire le cause che stanno alla base. Pensate a come contribuire per armonizzare e migliorare il loro rapporto.

Perché lui sì e io no?

Molto spesso i litigi tra fratelli sono causati dalla gelosia. Il bambino geloso tiene il broncio, ha atteggiamenti ostili, regredisce, manifesta rabbia, si isola… perché ha paura. Ha paura di non essere amato al pari del fratello, si sente trascurato e lancia così dei segnali di aiuto per richiamare la vostra attenzione. Potrà capitare che non rispetti più le regole, che inizi a fare dispetti, a raccontare bugie e a manifestare un atteggiamento di sfida anche nei vostri confronti.

Soffermatevi a osservare i vostri figli e a distinguere le loro attitudini e caratteristiche. Valorizzate i meriti di ciascuno e stabilite regole e limiti "su misura": eviterete gelosie e potenzierete le doti individuali.

> Le insoddisfazioni, proteste e recriminazioni dei vostri bambini non sono gli unici segnali di gelosia. Dovete fermarvi a riflettere anche quando tacciono, si isolano e rinunciano alla discussione.

Attenzione, la preferenza nei confronti di un figlio, perché magari riconoscete in lui caratteristiche affini alle vostre (attitudini, sesso o carattere), può minare l'armonia tra fratelli. È importante che facciate una riflessione e vi confrontiate tra voi adulti sul comportamento più consono da adottare con i vostri figli. Le preferenze, anche se non chiaramente esplicitate, vengono ugualmente percepite dai vostri figli, e questo mina la loro autostima, perché sentono di non aver raggiunto e soddisfatto le vostre aspettative e desideri. Per loro è come se avessero perso in partenza e non fossero in fondo così speciali e meritevoli del vostro amore.

Privilegiare in modo evidente un figlio rispetto agli altri porta grande sofferenza negli esclusi. Tanto più che il bambino non favorito potrebbe mettere in atto tutta una serie di reazioni negative o autopunitive, con la speranza di conquistare la vostra attenzione e stima.

> Non dimenticate: la vera felicità sta nell'essere amati e riconosciuti da coloro che amiamo e ci stanno vicino semplicemente per ciò che siamo, e questo i bambini lo sanno.

Che fare se bisticciano

- Valutate se è veramente necessario il vostro intervento: spesso i bambini sono perfettamente in grado di risolvere il litigio da sé.

- Nel caso si stiano facendo male, intervenite separandoli.
- Mostratevi sicuri delle vostre azioni: tentennare, dimostrare ansia o incertezza potrebbe far riaccendere il conflitto e alimentare nel bambino la convinzione che anche per voi quello è il modo giusto per risolvere la cosa.
- Non prendete le difese di nessuno, a meno che non abbiate assistito fin dal principio allo scontro e conosciate la motivazione che l'ha generato.
- Calmate i vostri figli, parlategli perché focalizzino l'attenzione sul problema.
- Non investigate, non cercate il colpevole. Saranno gli stessi bambini ad aprirsi e a raccontarsi se respirano un clima di rispetto e di disponibilità al confronto.
- Se sono molto scossi e manifestano ancora rabbia è opportuno separarli anche solo per pochi minuti dandogli il "time out". Dopo un po' riaffronteranno la questione con più serenità.
- Aiutateli a esternare le loro emozioni e a confrontarsi. Quando si saranno calmati, lasciate che si confrontino da soli senza la vostra presenza ("Io vado di là, voi parlatene e cercate di trovare una soluzione").
- Proponete un'attività da fare insieme che possa ristabilire l'equilibrio perso ("Realizzate un disegno, un puzzle oppure fate insieme un bellissimo vaso con la creta… Io non partecipo e non guardo, sarà una sorpresa per me alla fine vedere il vostro lavoro!").
- Valorizzate (senza enfatizzare) i loro tentativi di avvicinamento, anche con un semplice gesto affettuoso, o una parola di conforto.
- Voi adulti date il buon esempio: dimostrate che un litigio

non mette in discussione il rapporto e l'amore che c'è tra di voi, e va invece accettato e affrontato come momento di reciproca conoscenza.

Per il quieto vivere, spesso i genitori mettono a tacere ogni scontro con un secco: "Non vi voglio sentire litigare". E invece i vostri bambini hanno bisogno di confrontarsi e di conoscersi. Quindi lasciateli anche un po' liberi di sperimentare più aspetti del loro rapporto.

Non picchiate i vostri bambini per punirli: l'unico insegnamento che ne trarranno sarà che chi è più grande e più forte ha la meglio sul più debole. Incoraggiate i bambini a trovare anche da soli una soluzione alle loro questioni. Fategli capire che siete certi che sapranno risolvere da soli il problema. Troppo spesso vediamo adulti intromettersi e mediare i conflitti tra bambini, i quali si ritrovano a non saper più gestire non solo lo scontro, ma anche le proprie emozioni.

Il rispetto, la comunicazione, l'attenzione sono i mezzi giusti per creare una buona atmosfera familiare e permettere ai vostri figli di crescere insieme in armonia.

La ricetta delle Tate:

Creare armonia tra i fratellini

Ingredienti:

- amore
- tempo
- coerenza
- fermezza

(continua)

- Non colpevolizzate il bambino se manifesta gelosia.
- Dimostrate pari amore e considerazione a tutti i bambini.
- Incoraggiate i vostri figli a discutere e a confrontarsi.
- Non fate paragoni tra i bambini: "Vedi, tua sorella è più brava di te". Questo aumenterebbe la competizione.
- Incoraggiate i bambini a fare esperienze insieme con complicità, suddividendosi gli incarichi: "Francesca, tu metti la terra nel vaso e Riccardo mette dentro il semino, così insieme farete crescere un bel fiore".
- Ogni bambino è diverso dall'altro: adottate comportamenti specifici a seconda del carattere e delle attitudini di ciascuno.
- Dedicate del tempo a ognuno di loro, quando è possibile anche separatamente.
- Non forzate i bambini a condividere tutto con i fratelli: lasciate che la cosa sia spontanea.
- Valorizzate le loro qualità positive ed evitate di sottolineare solo gli aspetti e i comportamenti negativi.
- Non intromettetevi subito in un litigio appena nato, a meno che non ci sia una situazione di pericolo. Spesso i bambini risolvono da soli i loro problemi e da lì iniziano a costruirsi un loro equilibrio. Se è indispensabile, intervenite nel litigio senza prendere necessariamente una posizione.
- Evitate di dare sempre la responsabilità al più grande perché secondo voi dovrebbe essere più responsabile e tollerante.
- Incoraggiateli a fare giochi ed esperienze insieme creando voi le giuste situazioni.
- Lasciate che ognuno abbia le proprie amicizie, interessi e sport. Così avranno più occasioni per mettersi alla prova singolarmente e sviluppare la propria personalità e autostima.

terza parte

giocando si impara

12. Il gioco

"L'uomo è pienamente tale solo quando gioca, perché si ritrova e si conosce."

Friedrich Schiller

Perché è importante giocare?

Il gioco è molto più che un semplice divertimento: è fondamentale perché contribuisce alla crescita del bambino e stimola lo sviluppo della sua personalità. Spesso sentiamo dire: "Sta solo giocando..." Invece l'esperienza del gioco educa il vostro bambino e lo prepara alla vita. Nell'universo simbolico del gioco il bambino comincia a scoprire i meccanismi della vita reale e in seguito si rende conto dell'esistenza di regole che vanno rispettate. Quindi, pur essendo un'esperienza "protetta" e piacevole, il piccolo sta veramente imparando e si sta preparando alla vita. Come diceva Montaigne*, i giochi dei bambini non sono dei giochi, ma le loro azioni più serie.

* Michel Eyquem de Montaigne (1533-92) è stato un filosofo, scrittore e politico francese.

Il gioco costituisce il motivo e l'esperienza di fondo di tutta la vita infantile. La Convenzione internazionale sui diritti dell'infanzia e dell'adolescenza, lo strumento normativo internazionale più importante e completo in materia, sottolinea l'importanza del gioco come attività per soddisfare un bisogno vitale dell'infanzia e come fattore chiave per lo sviluppo, l'educazione e l'apprendimento di ogni bambino.

Il gioco ha dunque un grande valore educativo perché stimola le capacità cognitive del bambino e gli permette di conoscersi meglio. In queste attività il bambino sviluppa anche le sue potenzialità affettive e relazionali perché sperimenta un contesto sociale ed entra in contatto con il mondo esterno. Le dinamiche che il piccolo sperimenta e apprende giocando si riveleranno un vero e proprio tirocinio alla vita.

Lasciatelo giocare liberamente e osservatelo. Lo vedrete sorprendersi continuamente. È proprio la sorpresa a dargli lo slancio per inventarsi nuove modalità di interazione con gli altri e l'ambiente.

Il gioco è:

- libera espressione di emozioni intense (rabbia, paura, ansia, gioia)
- scoperta
- apprendimento
- socializzazione

- avvicinamento alle regole
- divertimento e svago
- esercizio delle proprie abilità motorie
- creatività.

Non dimenticate che il bambino gioca perché si diverte. Già Rousseau* sottolineava l'importanza del gioco come fonte di gioia, un intermezzo piacevole nella routine. È proprio questa sensazione di benessere a favorire lo sviluppo di tutte le componenti educative.

Dimmi come gioca e ti dirò chi è

Il momento del gioco è fondamentale per conoscere e capire il nostro bambino: quando gioca manifesta le sue difficoltà, le sue abilità e le sue emozioni. Lasciamolo giocare e restiamo a debita distanza… osserviamolo con attenzione! Guardiamolo mentre è assorto in giochi di costruzione e si adopera con tutte le sue forze per superare le difficoltà, e ricordiamo sempre che i bambini giocano in modi diversi a seconda dell'età, quindi non pretendiamo da loro abilità che non posseggono ancora. E se il vostro bambino agisce in modo diverso da come vorreste o da come suggeriscono certi manuali, non pensate di trovarvi per forza di fronte a un comportamento anomalo.

Se i vostri bambini non giocano, non preoccupatevi di dover riempire il loro tempo libero. Questo spazio va lasciato alla

(continua)

---

* Jean-Jacques Rousseau (1712-78), scrittore, filosofo e musicista svizzero. Fu tra i primi a valorizzare l'importanza del gioco nell'educazione.

creazione e all'introspezione: il bambino ha bisogno di tempi vuoti per creare, sarà lui poi a riempirli. Le pause sono importanti perché permettono di riflettere sulle esperienze vissute.

Giocare è un'attività spontanea e piacevole, che aiuta a crescere e attraverso la quale il bambino parla di sé, delle sue emozioni e delle sue paure. È un linguaggio speciale, che con un po' di attenzione e impegno si può imparare a conoscere.

Il gioco secondo Piaget

Per lo psicologo Piaget* il gioco ha una funzione fondamentale nello sviluppo del bambino e si evolve secondo due dinamiche: il passaggio dal concreto all'astratto e il passaggio dall'egocentrismo alla socialità. Secondo Piaget ci sono quattro tipologie di gioco:

1. Gioco d'esercizio (0 - 2 anni)

In questa fase il bambino interagisce con il proprio corpo e con il corpo della persona che lo accudisce, ed è attratto da tutti gli oggetti a portata di mano. Il bambino ripete azioni che hanno una valenza esplorativa: agita le mani, muove le gambe, accarezza e colpisce il proprio corpo e quello di chi gioca con lui. In altre parole prende coscienza di dove lui finisce e inizia l'altro: si accorge di cosa non fa parte di sé.

Intorno ai due-tre mesi vedrete il vostro bambino scuotere dei piccoli oggetti senza seguire un ritmo, e batterli gli uni sugli altri: il bambino si allena a esplorare l'ambiente circostan-

---

* Jean Piaget (1896-1980), pedagogista ed epistemologo svizzero.

te. Il fatto che riesca a gestire i propri movimenti lo fa sentire padrone del suo corpo e almeno un po' del mondo.

Dagli otto mesi in poi i suoi bambolotti gli faranno compagnia: un pupazzo in particolare diventerà il suo preferito e il bimbo non vorrà mai separarsene. È il cosiddetto "oggetto transizionale", che sostituisce la persona che lo alleva (l'educatore/genitore) e lo sostiene durante i primi distacchi.

L'illusione che il genitore/educatore sia di proprietà del bambino è destinata via via a svanire. Ma le prime volte che il piccolo si separa dall'adulto di riferimento, per non sentirsi solo ha bisogno di qualcosa che gli ricordi la sua presenza. Ed ecco che porta con sé un peluche, una bambola, un fazzolettino, un nastro, un calzino... Attraverso il legame con l'oggetto preferito il bambino ritrova un senso di protezione, conforto e sicurezza.

Da un anno e fino ai due, il gioco è primariamente movimento puro: il bambino desidera manipolare, sporcarsi, impiastricciarsi. In presenza dell'adulto dimostra più sicurezza e si avventura tranquillo, cade e si rialza con maggiore scioltezza.

Non dimenticate poi che giocare è anche un modo per far fronte alle complicate emozioni della giornata. E sappiate che se i suoi giochi si fanno più rumorosi, vi sta chiedendo di prestargli attenzioni.

Toccare per conoscere (2 mesi - 2 anni)

Scegliete oggetti idonei (giocattoli e oggetti certificati) che possano stimolarlo. Dategli un oggetto alla volta (con forme

(continua)

diverse) e lasciate che lo tocchi, lo annusi, lo metta in bocca, lo lanci, lo apra, lo scuota. Fate in modo che lo sperimenti finché la sua curiosità non sarà soddisfatta.

2. Gioco simbolico (2 - 6 anni)

Intorno ai due anni il bambino vive le prime ansie d'abbandono: in questa fase la separazione dall'adulto di riferimento diventa un'esperienza riconoscibile e più frequente. Il vostro bambino giocherà a far comparire e scomparire i suoi giocattoli: questo schema mette in scena il vissuto della separazione e aiuta a superarlo. Il bambino converte la sua ansia in azioni per liberarsene. Per esempio si diverte a fare "cucù" e a gettare lontano gli oggetti per poi riprenderli. Con questo gioco vostro figlio rivive e controlla l'esperienza della sparizione e riapparizione: si convince sempre più che anche se l'adulto se ne va, poi tornerà.

Dopo i due anni il bambino è impegnato in giochi più complessi in cui adopera oggetti al posto di altri e "fa finta": questo tipo di attività sono chiamate simboliche. Il bambino interpreta un ruolo e si mette nei panni di qualcun altro (un pirata, una principessa, un orco ecc.), e ha la possibilità di provare modelli di comportamento diversi. Gli oggetti diventano altro (un bastoncino diventa una bacchetta magica, un tappeto una zattera, un cappello un elmo ecc.) Il "copione" diventerà sempre più esteso e vario: saranno coinvolti genitori e amici a cui verranno attribuiti ruoli diversi in contesti diversi. Questo scambio dei ruoli è cruciale per lo sviluppo dell'identità del vostro bambino e per la socializzazione con i coetanei: se vostro figlio sa interpretare personaggi diversi sarà anche flessibile e sensibile alle "situazioni".

Giocate con i vostri bambini al gioco dell'isola del tesoro, al gioco degli indiani, al gioco dei cavalieri, al gioco della giungla, al gioco dei maghi...
Prendete spunto dalla lettura di una storia e poi costruite insieme il percorso (la mappa), inventate i pericoli, definite i ruoli. Utilizzate oggetti che avete in casa: vecchie stoffe, fogli, pennarelli, cuscini, tappeti...

3. Gioco realistico (7 - 8 anni)

Oltre i sette anni il bambino supera la fase del gioco simbolico e passa al gioco realistico o di costruzione. Il vostro bambino è impegnato a dare forma alle cose (gli ambienti di una casa, di un villaggio ecc.): è capace di ricostruire, in modo esatto, la realtà.

Progettate con il vostro bambino un'opera da costruire. Quindi armatevi di materiale di scarto (scatole di cartone di varia misura, vecchi stracci, vasetti di yogurt, carta da giornale e cartone), forbici, colla, tempere, pennelli, e iniziate a realizzarlo insieme.

4. Gioco con regole (7 - 12 anni)

Dai sette ai dodici anni il vostro bambino sarà in grado di giocare secondo delle regole definite. In questo modo si affaccia alla vita sociale basata su norme e ruoli. Diverse ricerche hanno dimostrato che i giochi di finzione, soprattutto quelli basati sulle regole, facilitano i rapporti sociali: allenano il bambino a seguire un determinato "copione" e a sviluppare risorse di tolleranza e flessibilità verso gli altri.

È fondamentale imparare fin da piccoli a essere flessibili e tolleranti verso gli altri. Nella vita per portare a termine un progetto sono necessarie collaborazione, pazienza e perseveranza nonostante gli insuccessi. E ricordate: dagli insuccessi c'è sempre da imparare!

Forse vi accorgerete che vostro figlio è diventato competitivo. Se la competizione viene vissuta come confronto positivo, può rivelarsi costruttiva; altrimenti c'è il rischio di assistere a momenti di crisi profonda a seguito di una sconfitta. Siate vicini ai vostri bambini nelle loro paure, confortateli nell'insuccesso, e ricordategli che è sempre più importante divertirsi insieme agli altri piuttosto che trionfare.

Cercate un luogo all'aperto o con molto spazio protetto a disposizione, e fate sperimentare ai vostri bambini i giochi con regole. Da palla prigioniera (con le sue varianti) a palla rilanciata, da patata bollente al gioco dello sparviero... L'importante è definire il gioco, i ruoli, le regole e le eventuali sanzioni.

I giocattoli

Il vostro bambino ha davvero bisogno di giocattoli per crescere, per imparare a pensare e per relazionarsi con gli altri.

Avete notato che spesso il bambino mette in bocca un oggetto soffice e poi lo porge all'adulto? Con questo gesto, che gli

(continua)

piace così tanto, vi comunica che è in grado di appropriarsi di un oggetto e che vuole condividerlo con voi.

Fino a tre anni il vostro bambino usa come giocattoli gran parte degli oggetti che recupera in casa: sono uno dei primi territori di esplorazione, di conforto e di tenerezza per il piccolo. Il bimbo li porta alla bocca e li percepisce nella loro fisicità: scopre le forme, i colori, e sopratutto i materiali (la plastica, il legno, la stoffa). Attraverso l'interazione con questi oggetti il bambino acquisisce maggiore autonomia e più sicurezza. Non preoccupatevi se le costruzioni, i peluche o i puzzle non lo interessano: con il passare del tempo anche quei giocattoli riscuoteranno successo.

Per sviluppare abilità motorie e manuali consigliamo:

- la palla, la corda, il cerchio, il triciclo, la bicicletta, l'altalena, i giochi a incastro, la plastilina, la creta.

Per stimolare la creatività:

- le attività con i pastelli, i pennarelli, le tempere, la creta, gli strumenti musicali, le marionette, i giochi di costruzione.

Per soddisfare bisogni affettivi:

- i peluche, le bambole, le marionette.

Per esercitare le funzioni cognitive:

- le attività di classificazione, i puzzle, i giochi a incastro, gli scacchi, le carte, i giochi di assemblaggio.

Giochiamo insieme?

Volentieri, giochiamo insieme! Sempre però che le energie ce lo consentano...

Se siete particolarmente stanchi, rimandate il gioco a un altro momento e non sentitevi in colpa: l'importante è che il tempo che dedicate a vostro figlio sia "di qualità". I bambini hanno bisogno di sentirvi coinvolti e partecipi in modo autentico, quindi non sforzatevi di fingere perché se ne accorgeranno. Prendetevi piuttosto un momento di relax, dopo il quale avrete abbastanza energia ed entusiasmo da dedicare ai vostri bambini.

Concediamoci sempre del tempo per giocare con i nostri bambini. Per loro giocare con gli adulti è motivo di immensa felicità. Inoltre rafforza il loro senso di sicurezza e li aiuta ad acquisire nuove conoscenze. Giocando insieme, daremo loro l'opportunità di misurare e sviluppare le proprie potenzialità e di sentire la nostra partecipazione e il nostro coinvolgimento. La capacità dei genitori/educatori di giocare con i propri bambini è sicuramente indice di un buon clima familiare. Nel gioco nasce e si rafforza la relazione, sia con l'adulto sia con gli altri bambini.

> Non bisogna mai dimenticare che la relazione tra un adulto e un bambino è il cuore dell'educare: non vi potrà mai essere un apprendimento significativo senza un rapporto costruttivo di reciproca fiducia alla base.

Tenete sempre presente l'età dei vostri bambini e non forzate i tempi. Fino al primo anno di vita hanno bisogno di spazi appartati e protetti in cui possano sentirsi al sicuro e ripetere azioni semplici. In questa fase non conviene usare più di un gioco alla volta perché il bambino potrebbe fare confusione e non riuscire a spostare la sua attenzione da una cosa all'altra con sufficiente rapidità. Questo tipo di frustrazione e stanchezza potrebbe condurre il bambino al pianto.

> Se il bambino piccolo piange durante una vostra proposta di gioco, non è detto che non sia capace di giocare. Forse ha semplicemente bisogno di essere coinvolto in un'attività più semplice e rassicurante. Proponete un giocattolo alla volta e lasciateglielo sperimentare liberamente. Solo in una fase successiva riavvicinatevi quatti quatti e suggeritegli con discrezione e delicatezza un nuovo gioco: arricchirete così la sua esperienza.

Giocare con il vostro bambino è un'occasione per entrare in relazione con lui e un modo per rilassarvi, ricaricarvi dopo le fatiche del lavoro e conquistarvi uno spazio per rivivere la vostra infanzia. Ma non sottovalutate mai la valenza educativa del gioco. Tenete sempre a mente che il bambino apprende in ogni momento e che voi siete il suo adulto di riferimento, anche quando giocate.

Giocate senza avere la pretesa che il gioco si sviluppi come avete immaginato e non sostituitevi a loro. Inseritevi in silenzio e con rispetto, giocate per migliorare la relazione con il vostro bambino e non per insegnargli come deve fare.

La ricetta delle Tate:

Giocare serenamente con i propri bambini

Ingredienti:

- pazienza
- amore
- tempo
- costanza
- creatività

- Create un ambiente favorevole al gioco (uno spazio idoneo e possibilmente silenzioso).
- Giocate rispettando l'età del bambino e osservatelo: solo se è pronto proponetegli giochi più complessi.
- Assecondate il bisogno del bambino di giocare.
- Partecipate attivamente al gioco stimolandolo.
- Per arricchire il linguaggio dei bambini più piccoli, verbalizzate le azioni mentre vengono eseguite.
- Prestate attenzione e concentratevi mentre giocate, valorizzate il gioco e partecipate alle attività a cui il bambino attribuisce centralità e importanza.
- Ponete domande semplici di chiarimento sulle proposte ludiche del bambino, stimolandolo.
- Lasciate che il bambino nel gioco si esprima liberamente.
- Non date giudizi e fatevi coinvolgere dal piacere di stare insieme a lui.
- Lasciate che il bambino sperimenti qualche insuccesso.

Quando gioca da solo

Dopo il primo anno di vita il gioco del bambino diventa più articolato: i piccoli imparano a utilizzare diversi oggetti contemporaneamente, vocalizzano, tendono a imitare le attività degli adulti. Spesso il bambino gioca da solo, e questa attività costituisce un'occasione evolutiva importante: attraverso l'interazione con i giocattoli il bambino conosce e differenzia se stesso dagli altri e impara a familiarizzare con le proprie emozioni. Se il vostro bambino gioca da solo, non allontanatevi comunque. In questa fase il vostro ruolo di educatori è fondamentale quanto delicato: cercate di proteggere il vostro bambino da eventuali pericoli e allo stesso tempo lasciatelo libero di esprimersi e di sperimentare.

Spesso i piccoli tendono a passare dalla fase in cui preferiscono stare da soli a quella in cui richiedono le attenzioni dell'adulto. Nessun problema: questa alternanza è fondamentale nello sviluppo di ogni bambino ed è indice di un sano cammino evolutivo.

Annoiarsi può essere utile

La noia: la nemica più temuta da tutti i genitori ed educatori. Per sfuggirle ci si sforza di riempire ogni attimo della giornata dei bambini con le attività e i giochi più disparati. Il tutto pur di non sentire la temibile frase: "Ma io mi sto annoiando..."

È il campanello di allarme della nostra incapacità di essere validi genitori o educatori? Se il bimbo si annoia significa che non siamo capaci di stimolarlo adeguatamente?

Si è spesso portati a pensarlo, ma noi non siamo affatto d'accordo. Siamo convinte che la noia abbia un suo compito: quello di stimolare l'ingegno dei bambini rendendoli più creativi e disponibili a organizzare autonomamente il proprio tempo libero.

La tendenza spesso è quella di riempire le giornate dei bambini come fossero adulti: lunedì danza, martedì inglese, mercoledì teatro, giovedì tennis e venerdì violino.
E il tempo per il gioco libero?
E il tempo per poter riflettere su quello che si è fatto?
E il tempo per le relazioni?
E il tempo per la noia?

Le attività sportive, musicali, teatrali e ricreative sono sì fondamentali per la crescita del bambino, ma è altrettanto importante avere dei momenti "vuoti" da riempire liberamente o in cui rilassarsi senza doveri. Spesso però i bambini hanno più impegni di noi adulti. La loro agenda è incredibilmente fitta di appuntamenti. Allora cosa fare?

Se i bambini sono in età scolare, prevedete un massimo di due pomeriggi alla settimana per svolgere un'attività (sportiva, teatrale e/o musicale), e negli altri giorni lasciate che (dopo aver fatto i compiti!) si organizzino liberamente.

È proprio in questi momenti che il bambino riflette sulle esperienze vissute e si creano i presupposti per nuovi stimoli di crescita.

La ricetta delle Tate:

Lasciarli liberi di giocare

Ingredienti:

- tempo
- tanta pazienza
- amore

(continua)

- Lasciate giocare i vostri bambini. Create ogni giorno occasioni di gioco sia in casa sia all'aperto: si divertiranno e impareranno.
- Non "riempite" il tempo libero dei bambini con troppe attività perché hanno bisogno di vivere un po' di noia per ritrovare lo spazio delle scoperte.
- Se il bambino è in età scolare fategli dedicare solo due pomeriggi a un'attività ricreativa (sport, musica, teatro ecc.). Nel resto del tempo lasciatelo giocare insieme ad altri coetanei o da solo, sempre nel rispetto delle sue attitudini.
- Create in casa uno spazio ad hoc per lasciarli giocare.
- Osservateli sempre, ma lasciate che si esprimano liberamente.
- Fategli incontrare bambini diversi per sperimentare altre relazioni e conoscere nuove realtà.
- Lasciate che si sporchino mentre giocano e sceglietе per loro un abbigliamento confortevole e pratico per correre, saltare, rotolarsi, scivolare, colorare.

13. Attività piacevoli da fare in casa

Divertirsi in casa

Coinvolgete i vostri bambini in esperienze pratiche: impareranno a fare i biscotti, dipingere su tela, costruire un aereo di carta, leggere ad alta voce una storia, piantare semini, realizzare un oggetto con materiale di riciclo, fare un vaso con la creta, disegnare... ma impareranno soprattutto a scegliere e organizzare un'attività e ne trarranno sempre e comunque un insegnamento, anche quando, finito il gioco, dovranno sistemare e riordinare tutto.

Sono tutte attività che stimolano la curiosità del vostro bambino e arricchiscono il suo bagaglio di conoscenze. Vedrete, questo diventerà per tutti un momento per conoscersi e divertirsi insieme.

Date un nome alle attività

Per esempio chiamateli laboratori: di pittura, di teatro, di cucina, di costruzione, di lettura... e ogni settimana inventatene uno. Ecco qualche idea:

PITTURA: disegnate, colorate, dipingete

(continua)

COSTRUZIONE: costruite un album che parla di voi e delle sue esperienze
CUCINA: fate i cuochi, cucinate biscotti, torte, gelati, pizzette, focaccine
MAGIA: inventate piccoli trucchi
GIARDINAGGIO: piantate semini, fate germogliare le lenticchie, i fagioli ecc.
ARTISTICO: costruite una maschera con la cartapesta, una spada, un plastico con materiale di riciclo
SCIENTIFICO: la cartina tornasole...
MUSICALE: create il bastone della pioggia, costruite un tamburo, le maracas

I vostri bambini impareranno non solo a manipolare, costruire, conoscere, progettare, ad approfondire certe conoscenze, ma anche a stimolare la creatività e affinare i sensi, allenarsi alla fatica, rispettare le regole, sviluppare capacità organizzative, gestire il proprio tempo, conoscere attraverso la sperimentazione e appassionarsi a un'attività.

Qualche consiglio:

- Scegliete sempre uno spazio adeguato e al sicuro da pericoli.
- Stabilite insieme le regole per gestire al meglio le attività concordate.
- Fate in modo che al termine dell'attività il bambino rimetta tutto in ordine.
- Utilizzate sempre materiale ecologico e adatto all'età dei vostri bambini.

Giochi da creare, costruire, regalare

Volete provare a costruire voi stessi un giocattolo per il vostro bambino? È arrivato il suo compleanno e volete fargli un regalo originale? Ecco qualche suggerimento delle Tate! Li abbiamo divisi per fasce d'età; voi metteteci la fantasia e il tempo, che sono i regali più preziosi!

Per creare piccoli regali è una buona idea quella di usare materiali "naturali" come il cotone o il sughero, oppure oggetti di uso comune e materiale di riciclo.

> Se non siete dei bricoleur, i negozi di giocattoli sono un tempio di idee: sappiate scegliere in relazione all'età dei vostri bambini.

- I bambini dai tre ai sei mesi distinguono i colori e cercano di afferrare gli oggetti. Quindi per loro sono adatti regali di piccole dimensioni, manipolabili: potreste per esempio cucire un sacchettino di stoffa chiuso su tutti i lati e riempirlo di semi, utili a stimolare il tatto e l'olfatto.
- I bambini dai sei ai dodici mesi affinano il tatto, il gusto e l'olfatto. In questa fascia d'età una buona soluzione sono i libri tattili: potete comprarli o costruirli. Si tratta di un insieme di fogli di materiali diversi o dalle superfici differenti; per costruirli dovete applicare le carte sulle pagine: potete tagliarle con forme diverse, poi dovete incollarle e avrete un libro personalizzato. Un'alternativa è quella di riempire un "cesto di sorprese" con un insieme di oggetti di uso comune di materiali diversi. Potete procurarvi dei tappi di sughero, spugne di consistenze diverse, un pezzo di tubo di gomma di

quelli per annaffiare, aggiungere dei mestoli di legno, pezzi di cotone, lana, lino o di altri materiali, bottigliette di plastica riempite di granaglie o di altro (lenticchie, ceci, riso, mais, palline, biglie più pesanti, bulloni...) e sigillate con della colla forte e non tossica. Le bottigliette possono essere colorate sciogliendo nell'acqua tempere o acquerelli. Oppure si possono inserire piccoli strass o perline: in una soluzione di olio di vaselina si muoveranno creando effetti "magici". Nel cesto mettete anche palline da tennis, lisce, di gomma dentata, ruvida ecc.

In commercio troverete tanti regali che possono fare al caso vostro. Cercate anche tra oggetti di uso comune: offrirete non solo un dono, ma anche un'esperienza, e i bambini ve ne saranno grati!

- Dai dodici ai venti mesi i bambini iniziano a camminare e sono nella "fase del traino". Sono cioè affascinati da tutti quegli oggetti che con il solo ausilio di un filo li seguono, tirati. Utilizzate qualsiasi oggetto riteniate non pericoloso e legategli un nastro o un cordoncino. Qualche idea? Una cassetta della spesa, una scatola per le scarpe, una bottiglia piena d'acqua, un peluche, un camioncino, uno zoccolo del nonno, un cuscino... Ricordatevi che tutti questi oggetti possono essere personalizzati e decorati! Sempre attorno a questa età i bambini amano incastrare e infilare oggetti in contenitori: quindi adorano le scatole con i buchi! Prendete una vostra scatola per le scarpe, tagliate un lato e sigillatene il coperchio con del nastro adesivo. Decoratela e fate dei buchi di medie dimensioni e forme. Procuratevi grandi tappi di sughero, tappi di barattoli, cubetti di legno, insomma oggetti che i piccoli possono utilizzare liberamente anche affinando le loro capacità manuali. In commercio troverete bellissimi giochi di legno, che oltre a essere duraturi e sicuri, facilitano il pensiero astratto e la creatività del bambino, piattaforme con sagome da incastrare, o con cilindri in cui infilare degli anelli.

> Per esempio i "Lego/Duplo" sono davvero ben fatti: vi consigliamo solo due-tre blocchi per volta. Preparatevi ad alcuni "usi" insospettabili! Anche i blocchi di legno sono perfetti per torri da costruire e... da distruggere!

- Nel periodo dai due ai sei anni i bambini cominciano a divertirsi con i giochi simbolici. Sentirete spesso: "Facciamo che finta che" o "Facciamo che io ero...": il gioco diventa imitazione o immedesimazione negli adulti o in alcuni personaggi conosciuti. In questa fase ai bambini piace utilizzare giocattoli oppure oggetti che assomigliano alla cose vere. Un tavolino con delle stoviglie, prodotti alimentari, travestimenti (camicie, gonne, scialli, cappelli, scarpe ecc.), mini utensili per il fai da te, la carrozzina, il telefono, l'automobile, il cellulare... Una piccola valigia con dentro questi oggetti sarà ideale.
- Dai quattro anni in poi il gioco diverrà più complesso e personalizzato: ogni bambino avrà il suo preferito, lasciateglielo scegliere. Sicuramente si affezioneranno ad almeno un personaggio fantastico di un libro, di un cartone animato... A questa età troveranno divertente plasmare la plastilina, il pongo, il Das e l'argilla. Saranno anche attratti da carte, pastelli e colori.

Non dimenticate i buoni e "vecchi" puzzle, che già dai tre anni in su i bambini sono in grado di comporre, perché riconoscono le immagini e sanno riprodurle. Ne troverete con il numero di pezzi adatto all'età. I puzzle fatti in compagnia dei genitori sono una palestra per apprendere il valore dell'ordine: c'è un posto giusto per ogni cosa.

- Dai sei anni in su il bambino è alla ricerca di attività più strutturate e con regole, fra cui i giochi di ruolo, per cui è essenziale avere degli amici. Non sottovalutate il bisogno dei bambini di stare tra di loro, in questa fase più che mai.

14. Lo sport

Avviare i bambini all'attività sportiva è una scelta importante che richiede una buona dose di riflessione e diverse valutazioni. La prima domanda da porsi come genitori riguarda quale sport scegliere che sia il più completo possibile per un corretto sviluppo fisico del bambino. L'attività sportiva infatti contribuisce allo sviluppo fisico-strutturale e al miglioramento delle abilità di coordinamento, ma gioca anche un ruolo cruciale di socializzazione, distrazione e divertimento. Non sottovalutate quindi i desideri dei vostri bambini e assecondateli se potete. Se si divertono mentre fanno sport, si impegneranno più volentieri: si concentreranno di più e saranno più motivati. Lo sport oltre che un esercizio diventerà un gioco e una valvola di sfogo...

> Oggigiorno la diffusione dei giochi elettronici rischia di ridurre lo spazio dedicato al gioco e allo sport. Per un sano sviluppo del bambino è necessario fare in modo che lo spazio e il tempo del gioco e dello sport non vengano mai meno.

Scegliete uno sport che sia adatto all'età, alle dinamiche di sviluppo, alle capacità fisiche e motorie del bambino e che rispetti le sue attitudini e i suoi desideri. Se il vostro bambino vive dei momenti piacevoli e sereni giocando a calcetto, ballando o facendo tiro con l'arco, per tutta la vita avrà voglia di fare sport.

Ogni età ha il suo sport più indicato:

- Da zero a tre anni consigliamo un programma di acquaticità perché il bambino possa rivivere l'habitat della vita intrauterina.
- Dai tre ai sei anni sono indicati il nuoto, la psicomotricità e tutte quelle attività chiamate "ludico-motorie", in grado cioè di avviare il bambino allo sport attraverso il gioco e lo svago.
- Fino agli otto anni sono consigliate le discipline che favoriscono un migliore controllo dei movimenti e una più fluida accettazione di regole: le arti marziali, la ginnastica ritmica e artistica, la danza...
- Dopo gli otto anni, quando il bambino è in grado di accettare le regole e le dinamiche del gruppo, il gioco motorio assume un carattere tipicamente presportivo. A questa età consigliamo la pallacanestro, la pallavolo e la pallamano.
- A partire dai tredici anni è possibile privilegiare gli sport di squadra: pallanuoto, calcio, pallavolo, pallacanestro.
- Prima dei dodici anni si sconsiglia la pratica sportiva a livello agonistico; il bambino infatti non è ancora pronto ad affrontare intensi carichi di stress sia a livello fisico sia psicologico.

15. Storie, favole e fiabe

Esiste in commercio una grande quantità di letteratura per l'infanzia, ma spesso i bambini preferiscono ascoltare il racconto di una storia vicina alla loro esperienza che gli faccia sentire la vostra presenza e il vostro coinvolgimento.

Quello del racconto e dell'ascolto è un momento necessario e importante a qualunque età. Fin dalla fase di gestazione, il suono rassicurante della voce della madre è uno stimolo sensoriale fondamentale per il nascituro e per il neonato. Successivamente, a partire dai sei-otto mesi, potrete arricchire i vostri racconti con elementi visivi e gestuali. Man mano che il bambino cresce, il racconto può diventare sempre più ricco e articolato, e trasmettere importanti insegnamenti.

Quando raccontate una storia:

- Tenete presenti le richieste del bambino, il suo vissuto, i suoi gusti e le sue attitudini.
- Ricordate che per rendere divertente una storia potete anche creare una logica diversa dalla realtà, con personaggi come l'ippopotamo che va in triciclo o la giraffa che va sui pattini a rotelle... Utilizzate un po' di quella fantasia e creatività magica tipiche dell'infanzia!

A volte, quando i bambini ci chiedono di raccontare una storia, andiamo nel panico e ci concentriamo tentando disperatamente di ricordare la trama e i particolari delle fiabe o favole più famose. Invece la cosa è molto più facile di quanto sembri! Basta ispirarsi alla vita quotidiana, e arricchire le vicende di tutti i giorni di particolari fantastici. Sarà capitato a tutti voi, per esempio, di fare la fila in un ufficio postale o dal panettiere e di incontrare un "furbetto" arrivato dopo di voi che vi passa davanti! Ebbene, siamo certe che se immaginate che l'ufficio postale si trasformi in un bosco, improvvisamente anche voi vi sentirete api in cerca di nettare... Ecco che come per incanto il vostro racconto è già iniziato!

Fatevi aiutare dai bambini! Il loro contributo può essere prezioso. Per esempio, fate scegliere a loro il soggetto del vostro racconto e chiedetegli consigli sui personaggi (quale sarà il loro abbigliamento, il modo di parlare, di camminare ecc.).

È giusto che i bambini, sempre compatibilmente con la loro età, prendano consapevolezza anche degli eventi negativi, degli ostacoli e dei problemi della vita quotidiana. Quindi è giusto concedere qualche momentanea vittoria al nemico... Le storie con personaggi unicamente buoni e positivi non risultano abbastanza verosimili e non permettono di identificarsi pienamente.

Non dimenticate poi che le storie hanno lo speciale compito di preparare alla vita, non di falsare la realtà: sono rassicuranti proprio perché toccano i nostri desideri e le nostre paure più profonde, accompagnandoci per mano alla felice risoluzione finale. Quindi non temete di creare racconti con qualche immagine di paura, rabbia o lutto: tutto questo serve a esorcizzare ansie e preoccupazioni, e prepara a vivere più serenamente.

Curiosità

La fiaba è un racconto fantastico di origine popolare, mentre la favola è un racconto con un fine morale, scaturito da un fatto immaginario, nel quale i protagonisti sono cose o animali.

Non è necessario inserire ogni volta una morale nel finale della vostra storia, ma se ci fosse (anche semplice, del tipo: la generosità paga, chi cerca di ingannare finisce per rimanere solo ecc.), sarebbe ancora meglio. E raccontare storie a lieto fine, dove i personaggi superano pericoli e difficoltà, sarà un modo per rassicurare i vostri bambini e far sì che ricordino sempre quella sensazione di sollievo, anche se al momento potrà sembrarvi che non ci facciano caso.

Vedrete che il vostro racconto piacerà ai vostri piccoli e vi accorgerete che l'ispirazione nata alle poste o dal panettiere si sarà trasformata come per magia in un momento unico e prezioso trascorso con il vostro bambino.

Raccontando la vostra storia non solo divertirete i vostri piccoli, ma sarà lo stesso per voi: tornerete un po' bambini, alla gioia e alla fantasia che contraddistinguono l'infanzia. E ricordate sempre: i piccoli vivono nella convinzione che nulla sia impossibile!

La ricetta delle Tate:

Raccontare una storia, una favola, una fiaba

Ingredienti:

tempo

pazienza

fantasia a non finire

amore

- Preparate un ambiente accogliente, silenzioso e poco illuminato.
- Fate in modo che i bambini vi stiano vicino, possibilmente di fronte (in modo che possano osservare le vostre espressioni... quindi spazio alla vostra fantasia!)
- Se i bimbi sono più di tre, organizzate un bel cerchio.
- Modulate e adattate la vostra voce seguendo lo sviluppo della storia che state raccontando.
- Se leggete la storia, ogni tanto fermatevi, mostrate qualche figura e aggiungeteci un po' del vostro.
- Se si tratta di una storia inventata, chiedete ai bambini di intervenire ("Ti è simpatico questo personaggio?", "Ma secondo te è giusto che faccia così?", "Tu cosa faresti?").
- Se notate atteggiamenti di paura o avversione nei vostri bimbi, non abbandonate la storia a metà ma concludetela ammorbidendo il finale.
- Mentre raccontate, accarezzate i vostri bambini e fate in modo che percepiscano il vostro affetto.

16. Tv e videogiochi

La tv può essere un mezzo utilissimo, fonte di stimoli e informazioni per il vostro bambino. Ma, come ogni apparecchio tecnologico, deve essere usato nel modo giusto e con moderazione.

Innanzitutto non dimenticate che la tv non è una baby sitter: può aiutarvi ma non sostituirsi a voi adulti.

Né può essere ridotta a uno schermo da guardare passivamente in momenti di stanchezza o a una voce di sottofondo per riempire il silenzio in casa. Imparate a farne buon uso.

Ai vostri piccoli concedete sì un po' di televisione, ma negli orari adeguati:

- Mai prima di andare a scuola o durante i compiti perché avrebbero difficoltà a concentrarsi.
- Meglio non prima di andare a dormire, perché la visione di alcune immagini può sovreccitare o impaurire.
- Mai a tavola, perché quello deve essere un momento di comunicazione per la famiglia.

Prima che i piccoli inizino a guardare la tv, è bene aver selezionato accuratamente il programma. Poi ci si può sedere accanto a loro sul divano per osservare che cosa cattura la loro attenzione e discuterne magari più tardi... per esempio a tavola! Ci sono capitati molti casi di famiglie in cui invece si guarda la televisione a tavola, o durante i compiti: questo cercate possibilmente di evitarlo.

Il momento del pasto è un'importante occasione di ritrovo, da non sprecare guardando la tv: le due cose non vanno sovrapposte. Quindi prima si guarda la tv, poi si mangia e si parla. Quando il vostro bambino fa i compiti, tenete spenta la tv e, se ne ha bisogno, fategli fare delle pause.

Oggi i programmi televisivi sono tanti e variegati, ma non tutto è adatto ai bambini e bisogna scegliere trasmissioni specifiche per la loro età. Per questo è assolutamente necessario che i piccoli non vengano mai lasciati a guardare la tv da soli. Sono in grado di captare tutto ciò che vedono e sentono – molto più di quanto ci si immagini –, ma non hanno ancora gli strumenti e l'esperienza per decifrare certi messaggi.

Prestate attenzione anche alle pubblicità, spesso martellanti: i bambini sono i soggetti più deboli e più influenzabili, e vengono indotti a desiderare e considerare indispensabile tutto ciò che gli viene proposto. Ecco perché è necessario che li accompagniate in quest'esperienza o quanto meno che controlliate questi momenti.

Utilizzate il lettore dvd, selezionate con cura i cartoni animati, i documentari, o altri filmati, e non sottovalutate il potere e la funzione della televisione. Cercate invece di essere sempre attivi e critici.

Se i vostri piccoli vi chiedono di rivedere ripetutamente un video o parti di questo, sappiate che è normalissimo: è un modo per cercare di superare le paure ed esorcizzare alcune immagini che li hanno colpiti o spaventati.

Ricordate:

- Non utilizzate la televisione come mezzo di punizione o ricatto: così le dareste un'importanza eccessiva e il divieto la renderebbe ancora più desiderabile.
- Non lasciate incustodito il telecomando: la frenesia dello zapping induce alla superficialità della visione e può essere pericolosa nel caso vi siano programmi inadeguati.
- Proponete valide alternative per il tempo libero: la lettura di un libro, un gioco all'aperto, un po' di sport o l'incontro tra coetanei.
- La tv di per sé non è negativa, ma può diventarlo se la si guarda troppo e in maniera incontrollata.

Esistono diverse norme per la regolamentazione dei programmi televisivi e la tutela della minore età (tra cui il Codice di autoregolamentazione tv e minori del 2002 e la legge Gentiloni del 2006 sugli spot pubblicitari). Queste regolamentazioni, però, da sole non bastano: occorre sempre che voi educatori siate presenti e consapevoli di tutto quello che i vostri bambini guardano in televisione.

Vi daremo dei consigli molto simili per i videogiochi. Non vanno demonizzati ma, come per la tv, il tempo di utilizzo va ben dosato: è risaputo che questo tipo di gioco può avere degli effetti negativi se protratto per lungo tempo.

Come per la televisione, così anche per i videogiochi i bambini non hanno ancora la capacità di distinguere chiaramente la realtà dalla finzione. Se abbandonati per troppo tempo davanti allo schermo, potrebbero arrivare a percepire il mondo virtuale che hanno di fronte come un mondo reale parallelo.

Sui videogiochi in commercio troverete segnalata con chiarezza l'età a cui si rivolgono. Vi consigliamo di rispettarla, perché è il frutto di un'attenta valutazione da parte di esperti. Ignorarla significa offrire al vostro bambino contenuti e modalità di gioco non adatti e potenzialmente pericolosi.

Schema riassuntivo (per bambini sotto i 10 anni):

	MUSICA	STORIE	TV	VIDEOGIOCHI	LIBRI
Prima di dormire*	Sì	Sì	NO	NO	Sì
Durante lo svolgimento dei compiti	NO	NO	NO	NO	Sì
Durante i pasti	NO	Sì	NO	NO	NO
Prima di andare a scuola	Sì	Sì	NO	NO	NO
Dalle 18,00 alle 19,00	Sì	Sì	Sì	Sì	Sì

(*) = Ogni attività proposta prima di andare a dormire va selezionata con cura e dosata per la possibile presenza di immagini di violenza che possono disturbare il sonno del bambino.

Consigli:

- Per i bambini in età scolare (cinque-dieci anni), il tempo da dedicare alla tv o ai videogiochi deve essere complessivamente di massimo un'ora al giorno.
- Per i bambini al di sotto dei tre anni, tv e videogiochi sono sconsigliati, mentre per i bambini dai tre ai cinque anni non va superata la mezz'ora giornaliera.
- È molto importante prevedere per i bambini in età scolare della sana attività motoria circa due volte alla settimana (seguendo le loro attitudini e preferenze).

quarta parte

manuale d'emergenza

17. Che significa oggi/domani?

Spiegare a un bambino di due-tre anni concetti come: "No, non andiamo oggi dalla nonna, ci andiamo martedì" potrebbe rivelarsi un'impresa ardua! Ma non temete: ci sono tecniche semplici e facilmente applicabili per abituare i bambini alla misurazione del tempo.

- Uno dei modi più semplici è quello di far riferimento ad altre unità di misura per lui più comprensibili, che appartengono alla sua quotidianità. Per esempio se intendete "domani", potete dirgli "dopo la grande nanna della notte"; oppure per indicare il pomeriggio: "dopo la pappa, quando c'è ancora il sole", o "stasera" può diventare "quando sarà buio".

Per i bambini dai tre anni circa in su si può ricorrere a tecniche più articolate, che richiedono la loro partecipazione attiva. Per esempio:

- Armatevi di cartoncino, matita e gomma. Fate uno schema con sette caselle e in ognuna fate disegnare al vostro bimbo una stella, un cerchio, un cuore, o qualsiasi altro simbolo che sia in grado di fare. Ogni giorno, in un momento stabilito (prima di coricarsi per la notte, oppure al mattino appena sveglio), fategli cancellare il giorno trascorso o da trascorrere. Così, quando saranno tutti cancellati, il vostro piccolo saprà che è arrivato quello tanto atteso... Se l'evento si ripete settimanalmente (il corso di nuoto, per esempio), trascorsa la settimana, ridisegnate con lui i simboli e riprendete il gioco per le settimane successive.

Schema d'esempio:

Lun	Mart	Merc	Giov	Ven	Sab	Dom
♥	♥	♥	♥	♥	♥	♥

Se sul foglio avanza spazio, chiedetegli di fare un disegno dell'evento da ricordare. Oppure fategli applicare adesivi o ritagli: insomma, lasciate che il vostro piccolo si diverta a personalizzare il suo calendarietto!

Una soluzione ancora più semplice può essere la seguente:

- Procuratevi un calendario e degli adesivi. Mostrategli sul calendario il giorno che volete fargli memorizzare. Su quel giorno applicate un adesivo scelto da lui. Tutti i giorni – sempre in un momento prestabilito (prima di andare a letto, dopo il bagnetto, appena rientrato dall'asilo ecc.) – fategli applicare uno degli adesivi. Lui saprà che il giorno in cui non ci sarà più bisogno di attaccare l'adesivo sarà quello tanto atteso.

E infine, per gli adulti più creativi e capaci:

- Costruite un pannello rivestito di pannolenci, ritagliate sette pezzetti di stoffa con la forma che più vi piace e applicateci dietro del velcro. Ogni giorno chiedete al bambino di attaccare un pezzetto di stoffa sul pannello. Quando i sette pezzi saranno terminati, il bimbo saprà che il giorno fatidico è arrivato.

Siamo certe che qualsiasi tecnica deciderete di utilizzare, sarà divertente per voi e per i vostri piccoli. Allora ancora una volta buon lavoro e buon divertimento!

18. Il tempo che trascorriamo insieme

Qualità o quantità del tempo? Certo, averle entrambe sarebbe grandioso. Ma nella società moderna ciò non accade quasi mai e allora occorre sapersi organizzare al meglio. Infatti meno tempo si sta insieme, più impegnativo diventa costruire un rapporto di reciproca conoscenza, perché è nella quotidianità che rendiamo significativi i nostri rapporti.

Invece spesso i ritmi di lavoro ci costringono ad affidare i figli ai nonni, alla tata o all'asilo nido, e a vederli soltanto la sera, quando si torna dal lavoro sfiniti, e nei weekend, quando vorremmo riposarci e sbrigare tutte le incombenze lasciate indietro durante la settimana.

È bene accettare questa difficoltà e rimediarvi con impegno e serenità.

Come?

- Innanzitutto superate il senso di colpa per le occupazioni che vi tengono lontani dai vostri bambini: si può creare un buon clima familiare pur essendo molto impegnati nel proprio lavoro.

- Concentratevi su quello che state facendo. Se siete al lavoro, lavorate. Per il tempo che invece dedicate al vostro bambino, impegnatevi a far crescere il vostro rapporto e a creare un buon clima familiare.

Programmate dei momenti da trascorrere in compagnia del vostro bambino: ogni giorno. Se vi farete coinvolgere dal piacere di stare insieme, ne beneficerete tutti.

Organizzare in modo equilibrato la vita familiare e professionale è fondamentale. Dedicate costantemente del tempo al rapporto con il vostro bambino.
Quanto?
Valutatelo voi, in base al vostro lavoro, alle attività domestiche e al bisogno che avete di stare insieme. Se siete in due, alternatevi, così avrete la possibilità di riposarvi, ma non lasciatevi mai scappare nessuna occasione di passare del tempo prezioso insieme a tutta la famiglia.

La ricetta delle Tate:

Condividere tempo che sia di qualità:

Ingredienti:

- amore
- tempo
- coinvolgimento

- Se lavorate, non sentitevi in colpa. Cercate invece di programmare il tempo che avete a disposizione per dedicarvi al vostro bambino.
- Staccate la spina, tenete lontane le preoccupazioni professionali e fatevi coinvolgere dal piacere di stare in sua compagnia.

(continua)

- Programmate durante la settimana un po' di tempo tutto per voi per rilassarvi e rigenerarvi: sarete così in grado di vivere i rapporti in modo più sereno e i primi a beneficiarne saranno proprio i bambini.
- Giocate, create, inventate. Leggete, cucinate, parlate e ascoltatevi.
- Istituite spazi "rituali" per raccontare al vostro bambino le esperienze che ha e avete vissuto (utilizzando album, fotografie, disegni ecc.): i bambini amano scoprire la loro storia.
- Curate il momento del pasto, del gioco e della buonanotte.
- Pianificate dei momenti da condividere con tutta la famiglia.

19. Un giorno in ospedale

Sarà capitato a molti di voi di dover portare il bambino in ospedale, per un incidente o per un accertamento. Deve essere stata un'esperienza intensa e sicuramente poco gradevole. È molto difficile affrontare serenamente qualsiasi tipo d'intervento in ospedale, soprattutto quando si tratta di bambini. Sarebbe presuntuoso da parte nostra dirvi qual è il modo più giusto per farlo, quindi ci limiteremo a darvi dei piccoli e semplici consigli pratici.

In genere si tende a sminuire il fatto oppure, al contrario, ad accentuarlo. Sono reazioni normali dettate dal nervosismo e dal bisogno di proteggerci dalle nostre stesse paure. Il rischio però è quello di dare al vostro piccolo un messaggio sbagliato o confuso. Cercate allora di reagire con consapevolezza e razionalità. La preoccupazione è lecita, ma dovete essere forti: ai bambini servono la vostra totale lucidità e sicurezza.

Innanzitutto affidatevi con fiducia a un medico e seguite le sue indicazioni. Chiedete e informatevi: è un vostro diritto. Poi (nei casi in cui è possibile) spiegate in anticipo al bambino che dovrà passare del tempo in ospedale, e perché. Non parlategli in modo affrettato: scegliete invece il momento giusto per discuterne con calma. Raccontate e spiegate con parole semplici, e rispondete a ogni sua domanda tranquillizzandolo.

Fate partecipare l'intera famiglia: sedetevi e parlatene tutti insieme, perché è possibile che fratellini o sorelline facciano domande e sentano il bisogno di capire. Si creerà così una sorta di complicità tra tutti i componenti della famiglia, che sarà di grande conforto e sostegno per il bambino.

Non sminuite la gravità dell'esperienza raccontando bugie: i bambini leggono nei cuori, capirebbero che mentite e il vostro atteggiamento contribuirebbe solo a renderli insicuri e a fargli perdere la fiducia negli adulti. Rinforzate la certezza che affronterete insieme tutto, che non sarà mai solo e che voi gli darete tutte le risposte che potete. Fategli capire che desiderereste che non soffrisse mai.

Accogliete il suo dolore, senza sminuirlo, e non sottovalutate le sue paure. Se piange o scappa per evitare l'argomento, aiutatelo, stategli vicino, abbracciatelo, non chiedetegli di non avere paura e di non piangere: sarebbe come non concedergli di provare delle emozioni.

Fatevi aiutare dal bambino nella preparazione del bagaglio per il ricovero. Fategli scegliere parte dell'abbigliamento e alcuni giochi e libri che possano farlo sentire a suo agio anche in un ambiente estraneo. Potete approfittare per fargli scegliere un indumento che gli piace e comperarglielo per l'occasione. Dategli uno zaino con i suoi oggetti personali: avrà la sensazione di portare con sé un "pezzo" di casa e lo userà ogni volta che ne sentirà il bisogno. Mettete nella stanza d'ospedale qualche oggetto della sua camera (foto, disegni, peluche, cuscino ecc.). Insomma personalizzategliela un po', facendo comunque attenzione a non invadere lo spazio delle altre persone. Infine, se il vostro bambino usa il ciuccio o un qualsiasi oggetto per dormire, non scordatevi di portarlo con voi. Sarà indispensabile per un riposo più sereno. Anche il biberon o il bicchiere personale possono essere di conforto in questa difficile esperienza.

Non vestiteli sempre con pigiami veri e propri: esistono tutine altrettanto comode e leggere che non danno però l'idea di essere "ammalati". In tuta potrà anche giocare sul pavimento e sentirsi più libero.

Favorite i buoni rapporti con i vicini di letto e la condivisione degli spazi comuni. Ovviamente la convivenza a stretto contatto in ospedale costringe a modificare le abitudini personali. Non dimenticate che anche i vostri vicini provano le vostre stesse paure e speranze, quindi non siate egoisti, non cercate di imporre le vostre abitudini agli altri: non dareste un buon insegnamento ai vostri bambini. Chiedete per esempio se la luce accesa di notte può dare fastidio, non invadete gli spazi comuni come tavoli, armadi o sedie. Insomma, ricordate che la situazione è per tutti difficile e non contrastarsi è un buon inizio per sopportare meglio il periodo da trascorrere insieme. Non sempre nella camera ci sono bambini della stessa età, quindi fate attenzione ai ritmi di sonno e veglia dei piccoli pazienti. Considerate che qualità e quantità del sonno sono fondamentali per tutti, e ancor più per i malati.

Fate in modo che il vostro bambino mantenga per quanto possibile le abitudini di casa, seguendo gli stessi ritmi di sonno e veglia e (sempre se possibile) le sue abitudini alimentari

(continua)

(per esempio latte a colazione, frutta a merenda ecc.). Fatelo giocare liberamente negli spazi comuni che sono sempre ben attrezzati nei reparti per l'infanzia. Permettetegli di guardare la tv o di usare i videogiochi, perché possa sentirsi come a casa.

Stategli vicino, ma non soffocatelo. Non fate l'errore di pensare: "Gli lascio fare tutto ciò che vuole perché è ammalato ed è costretto a stare qui, poverino". Questo comportamento da parte vostra non farebbe altro che accentuare paure e insicurezze. Lui si chiederebbe: "Perché posso fare tutto? Se mi concedono di fare cose che di solito mi vietano è perché sono molto malato? Cosa mi succederà?" Certo, coccolatelo e viziatelo un po', ma non permettetegli cose che considerate sbagliate e che nella vita di tutti i giorni non gli avreste permesso.

Mantenete i contatti con il nucleo familiare e il suo mondo esterno. Fate in modo che i parenti gli telefonino con una certa frequenza, così che non pensi che si siano dimenticati di lui. Anzi, incoraggiatelo a raccontare ciò che sta vivendo alla nonna, alla zia, agli amici. Questo vi permetterà anche di capire che cosa sente, e parlarne lo aiuterà ad affrontare e superare i momenti difficili. Se il vostro bambino frequenta la scuola o l'asilo, permettetegli di sentire i suoi compagni e fate in modo che sia aggiornato su compiti e lezioni (gli insegnanti sono sempre molto collaborativi e ben disposti in questi casi).

Sappiate che siamo profondamente vicine a tutte le famiglie che stanno vivendo il disagio dell'ospedalizzazione. Vi abbracciamo forte e auguriamo ai vostri piccoli una pronta guarigione!

20. Se ha paura dell'acqua

La prima fase della vita attiva di un bambino si svolge all'interno del liquido amniotico, quindi l'approccio di un bambino all'acqua è in genere molto naturale. Eppure se questo ricordo non viene rinfrescato quasi subito, può manifestarsi una serie di piccoli fastidi che limiterebbero voi e i vostri bambini. Avrete sicuramente visto bambini terrorizzati mentre vengono immersi nell'acqua, oppure ansiosi perché non riescono a respirare sotto il getto della doccia... insomma, avrete assistito a piccoli grandi problemi che potrebbero rendere difficoltose anche le cure quotidiane più semplici.

Come ovviare a tutto questo? Cercate di aiutare il vostro bambino ad apprezzare sin da subito l'elemento più prezioso che la terra ci offre: l'acqua. Immaginate soltanto il piacere di stare in vacanza in spiaggia senza l'angoscia che lui sia spaventato delle onde del mare... Quindi impegnatevi perché i vostri piccoli abbiano con l'acqua un rapporto sereno.

Ecco qualche consiglio:

La ricetta delle Tate:

Abituarlo all'acqua

Ingredienti:

amore

tempo

pazienza

- Iniziate fin da subito, non abbiate timore: il ricordo del liquido amniotico è ancora presente nella sua memoria esperienziale.
- Siate tranquilli voi per primi: durante il bagnetto, per esempio, lasciate che si abitui prima solo al getto dell'acqua, poi a esserne immerso quasi totalmente.
- Utilizzate anche i detergenti serenamente.
- Non utilizzate cuffie o strategie affini perché potrebbero invece acuire le paure e impedire un approccio naturale.
- Se al vostro piccolo cade dell'acqua sul viso, sorridete e fatene un gioco, uno scherzo. Vedrete che si divertirà e il suo rapporto con l'acqua ne guadagnerà. Potete farlo anche con bambini piccolissimi, basta che il getto non sia troppo forte e preferibilmente orientato inizialmente sul corpo e infine sul viso.

Qualche strategia per vivacizzare il rito del bagnetto:

- Dai due-tre mesi offritegli un gioco galleggiante durante il bagnetto; poi quando sarà più grande lasciateglielo scegliere: l'unica accortezza è che i giochi siano pochi (ma potete sostituirli in corso d'opera). Vi suggeriamo pentolini, contenitori, tappi di sughero, spugne piccole per la presa delle loro manine, bottigliette di plastica piccole ecc. Altri oggetti curiosi ed efficaci per un'interessante esperienza dell'acqua e per rendere più piacevole il bagnetto sono gli imbuti, i colini o gli scolapasta.

- Quando sarà in grado di stare seduto autonomamente nella vasca da bagno, incoraggiatelo a lavare i suoi giochi (sempre pochi alla volta). Si divertirà a fare lo shampoo a un pupazzo o a una bambola. Questo gli darà maggiore consapevolezza delle parti del proprio corpo e gli consentirà di sviluppare la sua motricità fine.
- Lasciategli piccole responsabilità, per esempio quella di insaponarsi (dai diciotto mesi in poi sarà in grado di farlo), tenere la doccia in mano e bagnarsi le gambe o altre parti del corpo.
- Dedicate del tempo al "rito" del bagnetto perché, se vissuto sempre in modo frettoloso e automatico, verrà percepito come un banale atto d'igiene e non come un'esperienza piacevole in sé. Rimanete vicini, ma lasciatelo un po' nella vasca a giocare da solo, e poco prima di uscire coinvolgetelo nel risciacquo. Se non volesse smettere di giocare, fatevi aiutare a togliere il tappo: sarà un divertimento irresistibile per lui vedere che l'acqua come per incanto a poco a poco scende nello scarico...

Se potete, iscrivetevi insieme al vostro bambino a un corso di acquaticità: sarà rilassante e troverete personale qualificato in grado di darvi molti altri consigli. Per i neonati occorrono strutture adeguate: per esempio le vasche devono avere temperature più alte della media, e sono necessari fasciatoi e spazi adeguati per il cambio.

21. Un amico speciale

Da qualche decennio a questa parte sono molti gli psicologi a sostenere quanto sia importante per i bambini avere un rapporto sereno con gli animali domestici e quanto questo li aiuti a costruire un buon rapporto con se stessi e gli altri, con la natura e l'ambiente in cui vivono.

Prendersi cura di un animale domestico insegna infatti a capire meglio le diversità, a immedesimarsi nei pensieri e nelle esigenze degli altri e a comprenderli.

Inoltre la relazione con un animale rende il bambino più responsabile, sicuro e capace di assolvere a dei compiti da "grande", come portarlo in giro, dargli da mangiare e controllarlo.

> Numerose ricerche dimostrano che la convivenza con un animale aiuta a prevenire e curare i problemi psicologici, affettivi e relazionali.

Un cane, un gatto, un criceto che gira per casa e ogni tanto combina una "marachella" o si comporta in modo buffo può migliorare il clima familiare: educherà tutti al sorriso e all'ottimismo. Doverlo accudire insegnerà al bambino che ognuno di noi ha bisogno di cure e di rispetto e che esistono bisogni comuni da soddisfare (come il cibo, il riposo e il desiderio di affetto).

Insomma, convivere con un animale domestico è un'occasione di crescita e, inoltre, gli studi sulla pet therapy confermano l'importanza del ruolo degli animali anche nella cura di disturbi come per esempio quelli dell'apprendimento.

In ogni caso ricordate che la scelta di avere un animale in casa è molto delicata e deve essere ponderata con accortezza, anche perché si tratta di una responsabilità che prima di tutto ricadrà su voi adulti. Tenere un animale comporta anche dei sacrifici che sono richiesti a tutti i membri della famiglia.

Nella casa di Fido arriva un bimbo

Se siete in dolce attesa e in famiglia avete già un animale, cercate di non cambiare i suoi orari e le sue abitudini; se non potete fare diversamente, abituatelo prima dell'arrivo del bambino a evitare alcune zone della casa dove prima poteva scorazzare liberamente.

Il nuovo arrivato susciterà la curiosità nel vostro cane/gatto. Abituatelo gradualmente alla presenza del vostro bambino. Cercate di non nascondergli i momenti in cui accudite il neonato, anche se con tutta probabilità vi troverete a dover gestire reazioni di gelosia. Lui si sentirà improvvisamente soppiantato da un altro "esserino" che attira maggiormente le vostre attenzioni.

Cercate di arginare il più possibile comportamenti che, per quanto affettuosi, possono essere pericolosi nei confronti del neonato, specie se si tratta di animali di grossa taglia.

Adottiamo un cane?

Se invece il cane non è in casa vostra da prima della nascita, vi consigliamo di aspettare che i vostri bambini abbiano l'età giusta per apprezzarlo e poter partecipare alle cure.

Dopo aver deciso di ospitare un nuovo amico, parlatene con il vostro bambino sottolineando che un animale è un essere vivente e pertanto ha bisogno di cure e attenzioni costanti.

> Se dovete ancora scegliere il vostro cane, privilegiate una razza dal temperamento docile e fatevi consigliare da persone esperte.

Quando il cucciolo arriva in casa vostra, dosate gradualmente gli incontri con il vostro bambino, senza forzare i tempi. Le prime volte è importante non lasciarli soli: tenete presente che i bimbi non sanno riconoscere i segnali di un cane insofferente e i più piccoli spesso non comprendono le esigenze di tranquillità, rispetto e isolamento degli altri; toccherà a voi, quindi, spiegarle e ricordarle.

Per favorire una convivenza serena:

- Lasciate che si conoscano gradualmente, monitorando costantemente la loro relazione.
- Spiegate al vostro bambino che gli animali non vanno disturbati quando mangiano e quando riposano; non vanno neppure aggrediti in nessun modo.

Il cane non va trattato certo come un bambino, ma merita di vivere in un ambiente adeguato, pulito e amorevole. E anche in questo caso sarete voi genitori a dare il buon esempio: se mostrerete di avere cure e attenzioni verso il vostro animale, per il bambino sarà spontaneo fare altrettanto, e non troverà alcuna difficoltà a conviverci serenamente. Anzi, avrà un nuovo compagno di giochi!

22. Sta arrivando un fratellino o una sorellina

L'arrivo in famiglia di un bambino è motivo di grandi cambiamenti per tutti.

I genitori con grande enfasi annunciano al primogenito: "Sta per arrivare un fratellino... Finalmente non sarai più solo!"

In realtà è probabile che il bambino amasse il rapporto privilegiato con i suoi genitori e non gradisca affatto l'arrivo dell'"intruso". Pensare che fino a ieri tutte le attenzioni erano soltanto per lui!

L'arrivo di un fratellino o una sorellina è sempre un momento delicato da gestire perché prevede un grande cambiamento. In casi come questi il vostro bambino ha bisogno più di prima di sentire il vostro amore.

Quando comunicargli che la famiglia è in aumento?

Sarebbe inopportuno comunicare l'arrivo del fratellino appena ne siete informati anche voi adulti: l'attesa per lui diventerebbe estenuante.

Il momento più opportuno è quando la pancia inizia a essere evidente. In questo modo farete riferimento non a qualcosa di astratto, ma a un fatto che il bambino vede con i suoi occhi.

La perdita di "posizione" che l'arrivo di un fratellino comporta potrà generare ansia, preoccupazione e paura. Paura di perdere le vostre attenzioni, le vostre cure e il vostro affetto.

Potrà capitarvi di assistere a comportamenti insoliti: atteggiamenti regressivi, pipì a letto, balbettii, difficoltà ad andare all'asilo o a scuola.

A queste reazioni dovete rispondere con segnali positivi, senza condannare i sentimenti del piccolo, ma convincendolo dell'assoluto vantaggio che un fratellino o una sorellina può dargli.

Aiutatelo a superare questo momento difficile e gli insegnerete a sviluppare una capacità di adattamento a situazioni nuove e diverse.

La ricetta delle Tate:

Prepararlo all'arrivo del fratellino

Ingredienti:

amore

coinvolgimento

tempo

pazienza

- Mantenete fede ai vostri rituali: il bambino ha bisogno di certezze per affrontare questo importante cambiamento nella sua vita.
- Raccontategli che avere un fratellino sarà una ricchezza.
- Coinvolgetelo nei preparativi per l'arrivo del fratellino. Fatevi aiutare a preparare la cameretta, e definite quale sarà il suo spazio e quale quello del fratellino.
- Fatelo sentire coinvolto nella vita familiare, dedicategli attenzioni e giocate con lui.

(continua)

- Ascoltatelo e lasciatelo libero di esprimere le sue difficoltà.
- Leggetegli delle storie illustrate sull'argomento e rispondete alle sue domande.
- Evitate di togliergli il pannolino in prossimità della nascita del fratellino, a meno che non dimostri di non averne più bisogno.
- Fate in modo che, quando sarete in ospedale, il bambino rimanga a casa vostra con persone che conosce bene.

Fate in modo che il bambino venga a trovare la sua mamma quando sarà in ospedale. Ha bisogno di conoscere dov'è e dove nascerà suo fratello. È giusto che la mamma lo chiami al telefono per dirgli che gli vuole bene e gli lasci qualcosa da custodire che lui le riconsegnerà al rientro a casa (così il bambino si sentirà responsabilizzato).

Preparatevi, quando il nuovo fratellino arriva a casa potrete notare sin da subito dei cambiamenti nell'atteggiamento del vostro bimbo.

Ma non preoccupatevi: avrà solo bisogno di tempo per adattarsi alla nuova situazione!

È bene tenerlo al corrente della nuova organizzazione familiare: raccontategli che il nuovo arrivato avrà bisogno di certe cure e che sono le stesse che voi avete riservato a lui.

Se mostra comportamenti regressivi, come chiedere il biberon o di rimettere il pannolino, lasciatelo fare per un po', assecondate il suo bisogno di coccole e di avere le vostre attenzioni, ma fategli capire che ci sono dei limiti. Il bambino deve sapere fin dove può arrivare e non deve avere la sensazione che con l'arrivo del fratellino ogni cosa per lui diventi lecita.

All'inizio, voi adulti suddividetevi i compiti nella gestione dei bambini: mentre uno dà da mangiare al piccolo, l'altro coinvolge il grande in un'attività di gioco.

Ricordate che la gelosia non è da punire, né da negare. Va accettata perché è un sentimento naturale.

Mostrate al vostro bambino come toccare il fratellino delicatamente, ma stategli sempre vicino e fategli vedere che apprezzate quando dimostra affetto nei confronti del piccolo.

E soprattutto riservate ogni giorno un momento esclusivo per lui, mantenendo fede ai vostri rituali.

Quindi siate sereni nell'affrontare questo percorso di vita: comporterà un po' di fatica ma aiuterete il vostro bambino a crescere in serenità e senza paure.

23. Le buone maniere

Non appena il bambino comincia a vedere nitidamente, stabilisce con gli adulti attorno a sé una relazione più articolata e ricca di segnali secondo un codice istintivo. Comunica con lo sguardo, il sorriso, il ciao della manina...

Ma è intorno ai due anni che i bambini imparano l'arte dello stare in compagnia, cioè iniziano la vera e propria socializzazione.

È meglio insegnare loro fin da piccoli, anzi soprattutto da piccoli, a conoscere e rispettare le regole della convivenza, stando attenti però a non irreggimentarli, o a soffocare le loro legittime curiosità e pulsioni.

Educarli alle regole li renderà bambini equilibrati e sereni, capaci di costruire relazioni e legami stabili e duraturi. Quindi stabilite poche regole e che siano chiare, sempre proporzionate all'età del vostro bambino, e aiutatelo a rispettarle.

Un bambino non abituato a rispettare le regole rischia di essere allontanato dai coetanei e quindi di sentirsi solo e isolato. Occorre quindi spiegare ai vostri bimbi che non tutto è lecito e aiutarli ad affrontare le loro eventuali frustrazioni: è un compito difficile, che richiede coerenza fra gli adulti, costanza negli interventi, ripetizione. Soprattutto è necessario dare sempre il buon esempio!

Insegnare ad accettare il fatto che nessuno dispone di totale libertà d'azione contribuisce a rinforzare l'autostima del bambino e lo rende socialmente "intelligente", capace e autonomo.

Qualche consiglio:

- Abbiate chiaro in mente che cosa ritenete giusto che i vostri bambini imparino e non forzate i tempi.
- Siate gentili con loro e, quando è opportuno, ringraziateli.
- Fatevi rispettare con autorevolezza.
- Evitate voi stessi di avere comportamenti infantili e quindi di parificare o invertire i ruoli.
- Date sempre il buon esempio. Ricordate che i bambini apprendono di più dai vostri comportamenti che dalle vostre parole.
- Insegnategli parole come: "buongiorno", "grazie", "per piacere", "prego", "scusa", "posso?" Dimostrate che essere gentili con gli altri porta a creare rapporti sereni ed equilibrati.
- Aiutateli a capire che non esistono solo le loro esigenze, ma anche quelle altrui. Quindi sensibilizzateli al rispetto verso gli altri.
- Non giustificate il vostro bambino pensando: "È piccolo; si comporta così solo con me!" I bambini adotteranno anche fuori i comportamenti che permettiamo loro di avere in casa.
- Non è bene assecondare tutti i loro desideri ed essere sempre e subito accomodanti.
- Siate fermi, decisi e coerenti ma allo stesso tempo affettuosi: darete così stabilità emotiva ai vostri bambini.

Dosate le regole in base all'età ed esprimetele in modo chiaro. Magari utilizzate frasi come: "Aspetta il tuo turno", "Ora lo usa lui, poi lo userai tu", "Non è tuo, non portarglielo via, chiedigli se puoi prenderlo".

Anche facili formulette magiche come "grazie" e "per favore" trasmetteranno e insegneranno ai bambini il valore del rispetto reciproco. È giusto che sappiano che sia nel dare sia nel ricevere non è tutto scontato, ma che la mediazione e l'accordo sono necessari e fondamentali.

24. Igiene verbale

Vi sarà sicuramente capitato, o vi capiterà presto, di constatare con grande stupore che il vostro bambino, mentre gioca da solo o in compagnia di un amico, usa frasi da adulto come: "Be' sai, al giorno d'oggi certe cose succedono...", oppure "Mani in alto! Questa è una rapina!", per non parlare di certe imprecazioni...

Siamo certe che nessuno di voi ha simulato in casa scene di rapina né tantomeno ha insegnato al proprio bambino a imprecare. Quindi dove ha imparato queste espressioni così forti?

La mente del bambino è una spugna che assorbe tutto, anche più di quanto voi immaginiate. È un dispositivo che registra e riproduce senza schemi e senza filtri.

Ricordate quindi che, sebbene vostra figlia stia giocando in un'altra stanza, i vostri commenti durante una telefonata con un'amica verranno recepiti e riproposti in un altro contesto. Ed espressioni colorite sfuggite senza malizia durante una partita di calcio potrebbero ripresentarsi più tardi, in modo del tutto innocente, in bocca al vostro bambino.

Ma non è tutto. Esiste un'altra fonte non sempre autorevole in fase di apprendimento del linguaggio: la televisione. Quanto spesso il vostro bambino gioca o ha giocato in soggiorno con la televisione accesa? Magari mentre cucinate? Ebbene, per quanto sembri non prestarle attenzione, rapito nelle sue attività, ogni bambino assorbe inconsciamente tutta una serie di frasi, parole, situazioni che poi recupererà e userà. Provate solo a immaginare la sequenza di immagini e parole di un telegiornale o di qualche telefilm poliziesco, ed ecco spiegato da dove arrivano tutti quei termini.

Non dimenticate che l'abitudine di tenere la televisione spenta e di ricorrervi solo in giorni e orari stabiliti favorisce la creatività del bambino e lo stimola a inventarsi giochi nuovi.

Qualche consiglio:

- Cercate di istituire una forma di "igiene verbale" a casa vostra. Stabilite le regole per tutti, anche per gli adulti.
- Se vi sono in atto discussioni tra i grandi, fate in modo che i bimbi non sentano, o meglio ancora rimandate la discussione.
- Create un ambiente che sia il più possibile al riparo da parole non adatte all'età dei bambini, anche perché, il più delle volte, vi chiederanno spiegazioni difficili da fornire!
- Sensibilizzate i fratelli maggiori a mantenere un linguaggio adeguato.
- Con ciò non vi stiamo consigliando di creare un clima ingessato o peggio ancora fobico. Non fatevi prendere dalle paure!

Il bambino acquisirà comunque concetti e parole più grandi di lui, indipendentemente dalla vostra volontà. Le relazioni con il mondo esterno saranno determinanti in questo senso, ma non abbiate timori. L'importante è che voi possiate fare da "filtro" ai vostri piccoli: ne hanno bisogno.

25. Imparare a dire di no

Qual è la situazione che manda più spesso in crisi i genitori?

Dover dire di no, che non si può fare, che non è permesso... I genitori vorrebbero non doverlo mai fare.

Invece la ricerca nel campo della psicologia dello sviluppo e in quello psicopedagogico ha ormai assodato che il no va usato a scopi educativi.

I no tracciano i confini delle possibilità di azione del bambino, segnano le distanze e insegnano l'attesa: sono rassicuranti. I no segnalano cosa si può fare e quando va fatto.

> Il meraviglioso libro *I no che aiutano a crescere* di Asha Phillips ci ha aiutato a guardarci dentro, a capire che la crescita è scandita da distacchi, e ogni distacco è un passo verso l'autonomia, e che ogni cambiamento è più difficile per gli adulti che per i bambini.

Un esempio:

Una bambina chiede di andare a giocare a casa di una sua amica. La zia le risponde: "No perché non hai finito i compiti".

In questo caso la zia insegna alla nipote che ci sono dei tempi da rispettare, e il tempo per fare i compiti viene prima di quello del gioco. La bambina diventerà più responsabile e imparerà a conquistarsi i premi con un po' di fatica.

Un altro esempio:

Una bambina ha iniziato da qualche giorno ad andare in bicicletta da sola ed è ansiosa di esplorare il quartiere vicino casa sua. Dice: "Papà torno subito, faccio un giro, vado fino a dove vive il nonno, poi rientro". Il papà risponde: "Il tragitto è troppo lungo e dovresti attraversare una strada trafficata. Non si può. Arrivi fino all'inizio della via e poi torni indietro".

La bambina: "Ma papà?!?" Il papà con fermezza conferma: "No Patrizia, credimi, è pericoloso".

In questo secondo caso il no riguarda non più i tempi ma gli spazi. Il papà vieta alla figlia di uscire dal suo quartiere perché ci sono dei rischi: la bambina capirà che ci sono dei limiti e diventerà responsabile nel rispetto della regola.

Perché capisca il senso dei no che gli vengono detti, fate in modo che il vostro bambino cominci a responsabilizzarsi. Insegnategli ad avere delle piccole responsabilità legate alla sua età: fategli mettere in ordine i giochi, preparare il cibo del cane, aggiornare il calendario, fatevi aiutare a preparare la tavola ecc.

Per dire di no, innanzitutto fategli sapere che voi capite la sua richiesta. Il vostro no deve essere motivato: state ponendo un limite a una richiesta poco opportuna e gli state offrendo un'alternativa.

Il papà della seconda bambina potrebbe rispondere: "Sì, mi sembra una bella idea quella di fare un giretto più lungo, allora vai fino all'inizio della via e poi torna indietro, io resto a guardarti. Non puoi andare fino alla casa del nonno perché la strada è trafficata e pericolosa. Dài, parti che ti guardo!"

Se il bambino rifiutasse il no?

Ricordate sempre di motivare i no e imparate a tollerare anche il bisogno del bambino di sperimentare i suoi confini e le sue potenzialità. Non dobbiamo crescere un bambino che esegua a macchinetta tutto quello che vogliamo noi. Facciamo in modo che sperimenti l'autonomia: lasciamogli compiere delle scelte. Rispettiamo il suo bisogno di crescere, per cui è necessario anche sperimentare l'errore, l'insuccesso.

Soprattutto se i bambini sono molto piccoli, utilizzate formule semplici per "convincerli", ricordando loro esperienze già vissute o ricollegabili. Per esempio: "Non prendere le cose da terra altrimenti poi hai male alla pancia e devi prendere le medicina", oppure: "Ti ricordi la pappa che scottava? Sta' attento a non toccare il forno perché brucia"...

Perché è così difficile dire di no?

"Se dico di no alle sue richieste, mi vorrà ancora bene?" si chiede il genitore.

Dato che dire no comporta un cambiamento, spesso abbiamo paura che il nostro rapporto con il bambino venga compromesso.

A volte la nostra incapacità di dire no è dovuta anche al fatto che non sappiamo accettare il malessere di dare una piccola frustrazione ai bambini: "Non posso far soffrire il mio bambino: devo crescerlo in modo sereno".

E spesso i genitori tornano stanchi a casa la sera e non vogliono conflitti. Opporsi e mediare diventa troppo complicato e faticoso...

Questo comportamento "di resa" non fa evolvere la relazione con il bambino che si sente solo, senza guida e soprattutto incapace di tollerare le frustrazioni e la sofferenza.

La ricetta delle Tate:

Imparare a dire di no

Ingredienti:

pazienza
tempo
coerenza

- Educate il bambino a seguire delle regole: poche, chiare, adeguate all'età e soprattutto condivise dai genitori.
- Iniziate sempre le vostre risposte con ciò che è permesso e mostrategli che, se dovete negargli qualcosa, è perché ogni azione ha le sue conseguenze. Se ci sono dei rischi, non si può agire in un certo modo.
- Valutate bene se i vostri no siano il risultato di un'attenta riflessione: moderate i divieti.
- Quando dite no, motivatelo sempre e fate in modo che il bambino abbia fiducia e che, trovandosi in difficoltà, sappia di poter contare su di voi.
- Educatelo all'autonomia: fate in modo che si autogestisca e non controllatelo in ogni momento.
- Rispettate il bisogno del bambino di sperimentare fin dove può osare: concedetegli di sbagliare per crescere.
- Insegnategli il rispetto per gli adulti, soprattutto per i familiari, gli spazi e le cose altrui.
- Fategli conquistare le cose con un po' di fatica.

A volte si ha bisogno di reimparare a dire no: un no sempre motivato che deve essere la conseguenza di una valutazione ponderata e non deve dipendere dall'umore del momento. Altrimenti il vostro bambino si chiederà: "Ma perché ieri potevo e oggi non posso più?"

Sappiate che i no in realtà accrescono la libertà del bambino perché gli insegnano a scegliere, a diventare responsabile, a conquistarsi le cose e quindi ad avere più fiducia in se stesso.

26. Cellulare sì, cellulare no

Fino a qualche anno fa i bambini desideravano in regalo una macchinina, una bambola, un libro, un cd, uno stereo, un Game Boy... Oggi vogliono il cellulare. In casa tutti ne posseggono almeno uno e il bambino non vuole essere da meno. Raggiungere questo obiettivo significa sentirsi più autonomi e liberi.

La sua vocina vi ronzerà nell'orecchio fino allo sfinimento: "Mi prendi il cellulare? Sono l'unico a non averlo!" Negli ultimi anni il numero di bambini che utilizzano il cellulare è cresciuto in maniera esponenziale, quindi niente di strano che tanti amichetti di vostro figlio ne posseggano già uno.

Molto spesso si regala il cellulare ai bambini e ragazzi per poterli controllare a distanza. Certamente il telefonino permette ai genitori di tenere il bambino sempre sotto controllo. Ma ricordate che il cellulare non è un giocattolo, e quindi andrebbe acquistato solo se lo ritenete indispensabile, e per il vostro bambino è preferibile scegliere un modello con poche funzionalità di base.

E se il bambino va in vacanza da solo?
Come si faceva dieci anni fa, potete comunicare telefonando

(continua)

presso la struttura che lo accoglie. Se ritenete importante poterlo raggiungere sempre, per quel periodo potete prestargli il vostro cellulare, dopo esservi accordati sulle regole e modalità di utilizzo. Siate comunque consapevoli che potrebbe romperlo...

Certo, con un telefono sempre a portata di mano si possono chiamare gli amici, farsi lunghe chiacchierate e non sentirsi soli. In più il cellulare oggi ha molteplici funzioni e i nostri bambini imparano velocemente a utilizzarlo in maniera creativa: parlano, inviano messaggi di testo e multimediali, fanno fotografie, realizzano filmati, ascoltano musica, giocano, scaricano suonerie, chattano.

Ma ci è capitato di vedere bambini completamente assorbiti dai giochi del cellulare, famiglie in cui cui ci si parla a singhiozzo tra una telefonata e l'altra... Questo non va bene. Aspettate una telefonata importante? Avvertite i vostri familiari che vi assenterete un attimo, prendete la telefonata e poi, finita la conversazione, siate a disposizione delle vostra famiglia per parlare, raccontare e scherzare insieme.

Spesso sentiamo dire che i bambini utilizzano il cellulare nei momenti di noia. Fate in modo che quegli spazi vengano utilizzati diversamente: giocando, leggendo, suonando o semplicemente lasciando i vostri bambini liberi di fermarsi a riflettere.

Quindi il nostro consiglio è di regalargli il cellulare solo quando voi lo ritenete utile e indispensabile. Fate in modo che la scelta sia ponderata, valutando i pro e i contro.

Cercate di non cedere subito alla sua richiesta per quanto assillante sia: il cellulare non gli è dovuto; piuttosto, se glielo regalate, spiegategli le ragioni della vostra scelta: "Abbiamo deciso di prenderti il telefono perché ti riteniamo un ragazzino responsabile, ma lo utilizzerai nei tempi e nei modi che insieme decideremo."

Stabilite così insieme delle regole di utilizzo tanto nei modi quanto nei tempi e fate in modo che le rispetti.

E fate attenzione a ricordargli che:

- Si usa il cellulare solo per necessità e non come passatempo. Nel tempo libero è bene che si dedichi a uno sport, a un hobby o al gioco.
- Prima vengono le regole dei luoghi in cui ci troviamo e poi il nostro desiderio di comunicare al telefono.
- Il cellulare si tiene spento quando si è a scuola, a tavola, si studia e si dorme.

Fate in modo che le regole nascano dal confronto e non diventino una semplice imposizione; in ogni caso, per far sì che certi vostri insegnamenti diventino significativi, non dimenticate di dare sempre il buon esempio. Ricordate: le nuove tecnologie non dovrebbero mai sostituire un sano rapporto fatto di tempo trascorso insieme, di gioco e di dialogo.

27. Internet sì, Internet no

Le abitudini di lettura, di gioco, di svago e comunicazione dei bambini di oggi sono cambiate.

Certamente la lettura è sempre la maggior fonte di arricchimento personale e culturale, ma Internet e i nuovi media sono strumenti dalle enormi potenzialità, perché permettono ai bambini di accedere a un'enorme varietà di informazioni.

Inoltre le tecnologie interattive sviluppano le capacità logiche e mnemoniche e potenziano i riflessi. Il vostro bambino apprenderà nuove procedure e le memorizzerà, imparerà a cogliere nessi, rapporti di causa ed effetto, e a passare rapidamente da un'informazione all'altra.

Noi adulti da una parte ci rendiamo conto dell'arricchimento offerto da queste tecnologie interattive, dall'altra temiamo di aver perso qualcosa.

Allora cercate di utilizzare le tecnologie, ma con buon senso: stabilite in famiglia in modo chiaro i tempi e i modi di utilizzo. Bisogna educare il bambino a usarle adeguatamente, responsabilizzandolo.

Le informazioni fornite da Internet vanno scelte e valutate. Soli davanti allo schermo, i bambini potrebbero accedere a siti di

(continua)

ogni tipo senza dover rendere conto a nessuno e potrebbero essere pericolosamente trasportati in una dimensione virtuale in cui tutto sembra possibile.

Questi sono i nostri suggerimenti:

- Stabilite delle regole (modi e tempi) per navigare.
- Posizionate il computer collegato alla Rete in un luogo dove sia possibile vederlo quando naviga.
- Sedetevi accanto al vostro bambino davanti al computer. Confrontatevi e parlate di ciò che volete cercare e vedere su Internet.
- Parlate con lui delle tecnologie e siate disponibili a rispondere alle sue domande e curiosità.
- Utilizzate tutti i sistemi di protezione attualmente disponibili per inibire l'accesso a siti non adatti a bambini e adolescenti.
- Fate in modo che non venga tolto spazio al disegno, alla pittura e alle attività manuali (i bambini hanno bisogno di "fare").

La regola di base quindi è utilizzare sì le nuove tecnologie, ma con moderazione e razionalità. Fate in modo che i vostri bambini abbiano accesso, con la lettura e anche attraverso Internet, a contenuti che li arricchiscano, li facciano riflettere e li stimolino alla conoscenza.

E poi non dimenticate mai che, in un mondo dominato dalla dimensione "virtuale", il gioco con gli altri bambini acquista un valore ancora maggiore.

28. Faccio da solo!

È una frase che vi sarà sicuramente capitato di sentire e che magari vi avrà lasciato spiazzati. Che fare? È giusto concedergli autonomia o è troppo presto?

Spesso è difficile accettare il fatto che il bambino sta crescendo e che è forse in grado di avere delle piccole autonomie proporzionate all'età. Certo, se vi chiedesse di attraversare la strada da solo, o prendesse altre iniziative di questo genere, be'... sareste assolutamente autorizzati a intervenire con un "no".

Ma è giusto lasciare che il vostro bambino si metta alla prova e sperimenti le sue capacità. Poi potete sempre dire: "Sai, non sei ancora abbastanza grande per fare questo, ma ci puoi provare un'altra volta, magari fra un po' di giorni". Ciò non significa che dovete abbandonarlo a tutte le responsabilità: bisogna sempre fare attenzione e monitorarlo a distanza.

Ponderate le capacità e le reali necessità del bambino, offritegli la possibilità di collaborare e conoscere le vostre cose. Per esempio se siete al supermercato ditegli: "Bisogna prendere la farina, me la prendi tu?" Oppure: "Vuoi aiutarmi a stendere/spolverare/apparecchiare/cucinare ecc.?" È importante coinvolgerli: vi daranno aiuto e con l'esercizio impareranno anche a occuparsi delle cose che li circondano.

Quando può vestirsi da solo?

Ebbene, la risposta è semplice: quando il bimbo sarà in grado di camminare (quindi saprà stare in equilibrio) e avrà una discreta capacità manuale. Questo avviene solitamente attorno ai due anni e dipenderà da quanto voi gli avrete permesso di esercitarsi. Già, si tratta di allenamento! Solo dopo tentativi ed errori sarà finalmente in grado di occuparsi di se stesso.

Attenzione, non vi stiamo suggerendo certo di lasciare ore e ore il vostro bambino a provare e riprovare sommerso dai suoi vestiti! Però, se lo lascerete provare un po' alla volta, prima o poi riuscirà a realizzare da solo questa grande conquista. Armatevi di pazienza e concedetegli il tempo necessario per diventare grande!

Quando può scegliere gli abiti da solo?

Anche per la scelta dell'abbigliamento non c'è un periodo preciso. Può capitare che un bimbo di diciotto mesi pianga perché vuole i sandaletti in un giorno di pioggia... Si può lasciare scegliere al bambino quale indumento indossare, purché sia adeguato al clima e alla circostanza. Per esempio una buona strategia è offrirgli una scelta tra due capi che voi giudicate entrambi adatti.

Il taglio dei capelli

Ponetevi sempre la domanda: "Si sentirà bene e a suo agio il mio bambino con i capelli così?" Cercate sempre di anteporre le esigenze reali all'aspetto. Non è giusto pensare: "Be' che importa, tanto è un bambino, non se ne accorge neanche, e poi a me piace così..." È bene coinvolgerlo e far sì che questa scelta tenga anche conto delle sue esigenze e preferenze. Lasciate che partecipi anche lui guardandosi allo specchio.

Il bagnetto

Da quando il piccolo sta in piedi nella vasca o nella doccia, cominciate a coinvolgerlo attivamente: per esempio dategli un po' di sapone e spiegategli come lavarsi. Così potrà anche imparare a conoscere e nominare le parti del corpo. Per esempio, mettetegli del detergente sul palmo della mano e ditegli: "Ora lava la pancia, ora le gambe, ora le braccia..."

Iniziate con poche e semplici indicazioni, solo alcuni semplici punti. Poi, quando avrete visto che ha assimilato quei movimenti, aggiungetene altri. Non abbiate paura di chiedergli cose che pensate non sia in grado di conoscere: vi stupirà (saprà dov'è il collo, dove sono le orecchie, le mani ecc.). Non aspettatevi all'inizio grandi risultati nel lavaggio (dovrete aiutarlo voi), ma il vostro bambino avrà fatto un'esperienza che presto riuscirà a ripetere anche da solo. Cercate di dedicare del tempo al bagnetto, così che per lui non sia un puro e semplice atto di pulizia, ma anche un momento di presa di coscienza del proprio corpo. Per migliorare la manualità, procurate al bambino una bambola, semplice, con la quale potrà esercitarsi nel lavaggio e nel riconoscimento delle parti del corpo. Più in là potrete dargli una bambola con capelli sintetici, così potrà esercitarsi anche a lavare i capelli.

L'igiene orale

A volte la prima dentizione è talmente precoce che appare strana l'idea di mettere in bocca a un bimbo talmente piccolo uno spazzolino, così decidiamo di rimandare a quando ci saranno più dentini. Invece sarebbe opportuno avviarlo alla pulizia orale già alla comparsa dei primi denti. Inizialmente l'abitudine all'igiene orale è per i bambini solo un momento piacevole di gioco e di degustazione del dentifricio. Solo successivamente, dopo che avrà sperimentato più volte questa operazione, diventerà una pulizia vera e propria. Ricordate che questo sarà uno dei riti a cui il vostro bambino si dedicherà piacevolmente al risveglio al mattino e prima di andare a nanna.

quinta parte

le Tate in tv

29. La settimana della Tata

Dalla centrale delle Tate a Roma, Milano, Napoli, Bergamo, Pordenone, Palermo...

Il telefono squilla. Una famiglia è in difficoltà, chiede l'aiuto di noi Tate. Dobbiamo intervenire subito!

Ascoltiamo bene la richiesta d'aiuto, ci confrontiamo sulle problematiche e decidiamo chi di noi è più adatta a questo caso. Dobbiamo accorrere immediatamente: abbiamo una sola settimana di tempo per riportare ordine e serenità in questa famiglia!

Trovato l'indirizzo e studiato il percorso, la Tata parte.

Eccomi qui!

La famiglia è in fibrillazione. Da giorni e giorni si prepara all'incontro con la Tata.

Le mamme e i papà sono molto curiosi di sapere chi sarà la Tata che condividerà i loro problemi familiari, mentre i bambini, eccitatissimi, pensano all'incontro anche con un pizzico di "terrore" (Aiuto! Arriva la tata e io sono stato monello!!!)...

L'osservazione

Una volta fatti i saluti e detta la frase di rito ("Ora fate come se io non ci fossi, sarò qua a osservarvi"), ha inizio l'operazione S.O.S. Tata.

Prendiamo il nostro quadernone e una penna, e iniziamo a osservare i comportamenti della famiglia e ad appuntare tutto ciò che "non va": atteggiamenti da cambiare, aspetti da da chiarire ecc.

Il colloquio con i genitori

Quando riteniamo di aver raccolto un numero sufficiente di informazioni, fissiamo un incontro con i genitori. La sera, in attesa del fatidico confronto con la Tata, i genitori si scambiano sguardi di timore e curiosità mentre addormentano i loro piccoli. La tensione a volte è quasi palpabile: "Che ci dirà?", "Siamo genitori pessimi?", "Accidenti in che situazione ci siamo messi!" Poi il momento cruciale arriva: parliamo con loro, facciamo le nostre osservazioni e cerchiamo di rasserenarli, lasciando che si esprimano, si confrontino con noi, si sentano liberi di raccontare le loro difficoltà.

Adesso hanno preso coscienza dei loro problemi e possono tirare un sospiro di sollievo. Il duro lavoro però deve ancora iniziare!

Stabiliamo le regole

Una volta chiariti con i genitori i problemi da affrontare, bisogna offrirgli gli strumenti, cioè le regole, che devono essere assolutamente poche, chiare, efficaci, semplici e attuabili, poiché faranno da àncora per tutti i componenti della famiglia. Il livello di attenzione e curiosità dei familiari è molto alto in questo momento, e i bambini, sempre molto sensibili agli sbalzi emozionali, sono chiaramente disorientati e assumono comportamenti esasperanti, che i genitori cercano con fatica di contenere...

E adesso al lavoro!

Ecco che arriva il difficile: far rispettare le regole.

Questa è in assoluto la fase più delicata. I genitori si ritrovano a sperimentare nuove modalità di relazione con i loro bimbi, e ciò richiede molto impegno.

I genitori fanno sempre molta fatica ad adattarsi ai nuovi comportamenti proposti dalle Tate poiché hanno poca fiducia nella possibilità che le cose possano davvero cambiare e migliorare.

I bambini invece accolgono subito il loro nuovo "lavoro" con entusiasmo, ma hanno la "memoria corta" e lo dimenticano in fretta. È proprio in questa fase che l'impegno e la determinazione di mamma e papà devono mostrarsi incrollabili. Devono resistere, crederci e riuscirci! In questi momenti è commovente incrociare gli sguardi dei genitori: sono tormentati da dubbi e incertezze, chiedono conferme e rassicurazioni. La nostra presenza e la nostra semplicità sono di grande conforto e sostegno per loro. Infatti spesso a distanza di tempo dichiarano di sentire la mancanza dello "sguardo da Tata" che vigilava su di loro.

I primi risultati

La lenta ma inesorabile macchina dei cambiamenti è in funzione: i genitori riprendono a poco a poco il controllo della famiglia, mentre i bambini sentono le novità, sono confusi e cercano goffamente di adattarsi. In questa fase i miglioramenti sono ben visibili, quindi è giusto far sì che la famiglia ora abbia un meritato momento di piacere da condividere. E per il ricongiungimento tra i genitori e i bambini, niente di meglio che uno strumento magico da sempre unico ed efficace: il gioco! Individuato il gioco più adatto alla famiglia, la magia ha inizio. I bambini sono inebriati dalla partecipazione di entrambi i genitori, e questi ultimi, svestiti i panni di adulti severi e inflessibili, indossano quelli di persone serene che vogliono divertirsi con i propri figli in allegria e semplicità.

Il momento dell'addio

Questo è in assoluto il momento emotivamente più difficile per tutti: non è facile salutarsi dopo una settimana in cui il contatto è stato intenso e si sono condivise tutte le difficoltà. Noi Tate trascorriamo la notte a scrivere la famosa lettera dei saluti nella quale cerchiamo di esprimere la gioia dei momenti trascorsi insieme. Ci prepariamo al congedo con la stessa discrezione con la quale siamo entrati in questa nuova famiglia. Poi, per i saluti, approfittiamo di un momento in cui tutta la famiglia è raccolta. Guardando negli occhi mamma e papà, scorgiamo un velo di tristezza e timore, mentre i bambini, presi alla sprovvista, restano silenziosi e seri. La commozione è reale e profonda per tutti. Noi Tate in questo momento cerchiamo di abbracciarli e di infondere sicurezza e fiducia nei genitori: non solo hanno mostrato di avere grandi potenzialità, ma sono riusciti a dimostrare a loro stessi di saper superare insieme le difficoltà quotidiane. E nei bambini l'emozione è sempre molto forte: faticano a congedarsi da una persona che ha passato con loro tanti momenti piacevoli! Il loro atteggiamento è spesso molto freddo e distaccato, per poi sciogliersi in un forte abbraccio ai genitori!

Noi Tate siamo consapevoli del vuoto che lasciamo, ma forse loro non sanno che anche per noi riprendere la vita di tutti i giorni non è poi così facile, perché la loro vicinanza e accoglienza ci ha fatto sentire veramente parte della famiglia.

30. Intervista alle Tate

1) Che tata sei?

Tata Renata:

Credo di essere una tata decisa e dolce allo stesso tempo; affronto con lucidità e determinazione ogni missione che mi viene assegnata e cerco di adattarmi per fare al meglio il mio lavoro. Entro volentieri e con umiltà nella realtà di ogni famiglia e cerco di portare il mio aiuto analizzando nel profondo abitudini e scelte. Credo che il mio sorriso e la mia simpatia facilitino l'approccio...

Tata Francesca:

Sono una tata E.E.D.D.P.F.C.D., cioè Esperta, Energica, Discreta, Dolce, Paziente, Ferma, Creativa, Dinamica.
Esperta: la competenza nel settore dell'infanzia mi permette di affrontare e sostenere con determinazione le famiglie in situazioni di difficoltà.
Energica: resisto alla fatica!
Discreta: aiutare una famiglia non significa stravolgere ruoli, ritmi e relazioni. Cerco di conoscere la famiglia e intervengo dosando i cambiamenti.
Dolce: non è merito mio, ma della mia famiglia che mi ha educato con tanta dolcezza.

Paziente: ho imparato dai bimbi, che hanno tantissima pazienza con noi adulti.
Ferma: una volta stabilite le regole, faccio in modo che vengano rispettate.
Creativa: ogni bambino è diverso, quindi amo creare strategie, attività e giochi rispettando le loro potenzialità e attitudini.
Dinamica: mi avete mai vista ferma?

Tutto questo è accompagnato da una grande passione che da sempre nutro per questo lavoro.

2) Quando hai capito che avresti fatto la tata?

Tata Renata:

Quando mi hanno proposto di partecipare a *S.O.S. Tata*! Ho pensato fosse l'occasione giusta per portare la mia esperienza e competenza maturate negli anni al servizio di tutte le persone che volessero fruirne. Nella mia carriera ho avuto l'occasione di fare la baby sitter o altri lavori analoghi, ma mai propriamente la tata. Fare la tata è un'occupazione che richiede impegno ventiquattr'ore su ventiquattro e molta competenza ed equilibrio, perché lavorando a stretto contatto con la famiglia bisogna mantenere il giusto distacco e l'obiettività, ma allo stesso tempo creare un buon rapporto con tutti i componenti.

Tata Francesca:

Non l'ho capito... me l'hanno suggerito gli altri. A un certo punto mi ritrovo Tata Francesca! Abito a parte, mi sono rimboccata le maniche e ho messo in campo tutte le competenze che negli anni avevo maturato attraverso lo studio e le tante esperienze lavorative nel settore.

3) Le caratteristiche di una tata?

Tata Renata:

Essere come me o Francesca!!! ... Be', le caratteristiche di una buona tata secondo me sono: discrezione, esperienza, umiltà, pazienza, sensibilità, attenzione, determinazione e amore per il proprio lavoro.

Tata Francesca:

È fondamentale saper dosare pazienza, fermezza, dolcezza e competenza. Il tutto "shakerato" con una gran dose di energia e creatività.

4) Ma è tutto vero quello che si vede in tv?

Tata Renata:

Ciò che si vede in tv è proprio quello che accade nella settimana della Tata. Le ore di registrazione sono molte e nel montaggio vengono inseriti solo i momenti salienti, cioè quelli che mostrano con più chiarezza la situazione della famiglia in questione. Non sarebbe assolutamente possibile far recitare dei bambini, però è anche vero che di solito nei primi due giorni loro tendono ad avere comportamenti diversi dal solito. A un occhio attento ed esperto come il nostro questo però non sfugge, quindi analizziamo con molta attenzione ogni minimo cambiamento nei loro atteggiamenti. Al momento della "rivelazione" i genitori rimangono spesso spiazzati: si sentono colpevoli per aver reso pubbliche certe problematiche familiari, che i bambini nei primi giorni non sembravano evidenziare...

Tata Francesca:

Sì, è tutto vero... I bambini non fingono e gli adulti trovandosi in difficoltà si dimenticano della presenza della telecamera, perché sono concentrati sulla "mole di lavoro" che devono affrontare.

5) Appena entrata in casa, cosa osservi prima di tutto?

Tata Renata:

Dopo aver salutato la famiglia, armata di block notes e di penna, osservo l'ambiente: oggetti, luci, spazi, insomma tutto ciò che che mi permette di "inquadrare" la famiglia. La mia osservazione non verte tanto sulla qualità del mobilio o sull'ordine (anche perché con dei bambini in casa spesso l'ordine è solo un lontano ricordo), ma su come l'ambiente si presenta nei confronti dei bambini (accogliente, ben disposto, adeguato). Questi elementi mi fanno capire molto della famiglia, dell'educazione, delle abitudini, delle scelte fatte dai genitori.

Tata Francesca:

Persone, oggetti, spazi ma in particolar modo le relazioni. L'osservazione è la fase più importante. Alleno occhio e orecchio. Osservo... e ascolto con l'orecchio e con il cuore.

6) Qual è il momento più difficile?

Tata Renata:

Il momento più difficile per me è studiare per rendere efficaci e incisive le regole, facendo in modo che si possano applicare in breve tempo ma siano anche durature.

Tata Francesca:

Ogni istante è meravigliosamente difficile e quindi importante.

7) Qual è il momento più divertente?

Tata Renata:

Mi diverto molto al momento di dare le nuove regole, con i bambini che attendono emozionati ed eccitati (pare che sentano proprio il bisogno di sapere quali cose devono o non devono fare per stare meglio). Con partecipazione, ma imbarazzo viste le grandi aspettative dei genitori, i bambini descrivono o ripetono le regole, e poi, con la loro inesauribile energia, si mettono a correre per tutta la casa per scegliere il posto migliore dove appendere il loro nuovo codice di comportamento. Sul volto dei genitori talvolta leggo: "Solo questo? Non c'è una regola che dice di obbedire sempre e ovunque a mamma e papà?", oppure "Aiuto, ce la faremo? È impossibile che i nostri bambini rispettino queste regole!" Invece i bambini sembrano aspettarsi delle regole anche per i genitori. Perché in realtà quello che a loro serve è poter percepire la presenza di mamma e papà come dei contenitori sicuri della loro vita. Si aspettano che i genitori gli dicano con chiarezza cosa devono o non devono fare. E vogliono avere la certezza che saranno comunque sempre amati.

Tata Francesca:

Adoro la reazione dei bambini nel momento dedicato alle regole. Mi osservano, qualcuno ridacchia e poi... iniziano a correre per tutta la casa, emozionati e desiderosi di posizionare nel miglior posto possibile il loro nuovo "codice di regolamento".

8) Qual è il momento più intenso ?

Tata Renata:

Per me i momenti più intensi sono fondamentalmente tre: prima di tutto il colloquio con i genitori. In quel momento la loro timidezza e il loro timore sono quasi palpabili; poi i primi interventi educativi adottati dai genitori e le relative conseguenze; infine il momento dei saluti, in cui tutti siamo consapevoli che probabilmente non ci si vedrà più per molto tempo e che qualcosa da lì in poi cambierà, sia per me sia per loro... I primi giorni dopo la partenza la mia mente corre spesso alla famiglia che ho appena lasciato, e mi chiedo con malinconia: "Cosa staranno facendo ora? Li avrò aiutati a stare meglio? Ce la faranno anche senza il mio sostegno?" Be', poi prendo il telefono e chiamo!

Tata Francesca:

Il momento dei saluti perché è per me un momento di forte coinvolgimento emotivo. Non potrei fare questo lavoro se non mettessi in campo anche la mia affettività e sensibilità. In quel momento la mia voce si fa più roca...

9) Rimanete in contatto con le famiglie dopo il programma?

Tata Renata:

Certo!! È bello osservare, anche se da lontano, al telefono, i cambiamenti portati dal mio passaggio. Il legame che stringiamo in quei sette giorni è molto intenso e intimo: le famiglie riescono a farti sentire parte del loro nucleo, quindi le telefonate in qualche modo ci fanno ricongiungere al meraviglioso clima familiare che si è creato...

Tata Francesca:

Sì, mantengo i contatti... È una grande forma di ricchezza personale mantenere in vita le relazioni create.

10) ... Certo che quei bambini sono proprio tremendi!!!

Tata Renata:

No, non sono tremendi, danno solo dimostrazione della loro vivacità ed energia... Anche se a volte un po' incontrollata!

Tata Francesca:

No, sono semplicemente dei bambini che hanno bisogno di regole.

11) Cosa ti piace dell'altra tata?

Tata Renata:

Apprezzo di Francesca la pazienza, la tenacia e l'energia che mette in tutto ciò che fa!

Tata Francesca:

È una brava tata. Paziente e sorridente!

12) Basta un poco di zucchero e...

Tata Renata:

Riprendere fiato, non arrendersi e ricominciare da capo!

Tata Francesca:

... e tutto brillerà di più!

13) Per far sorridere un bambino...

Tata Renata:

... bisogna saper sorridere con autenticità!

Tata Francesca:

... basta sorridere insieme a lui!

Ringraziamenti

Grazie a tutti i bambini. Grazie al mio compagno di vita Massimo, che mi ha sostenuta e seguita nella scrittura del libro. Un grazie speciale va alla casa editrice Kowalski nelle persone di Marco Ghezzi e Daniela De Rosa che hanno creduto in me e in questo progetto, e un grazie anche ad Anna Leoncino e Mita Gironda. Grazie a tutti i docenti che hanno contribuito alla mia formazione. Grazie agli adolescenti stranieri dell'istituto Martinitt e Stelline di Milano che mi hanno insegnato l'autorevolezza. Grazie a tutti gli "amici" dell'associazione *Aiutiamoli* di Milano e della comunità *ANFFAS onlus*, con i quali mi sono divertita tanto e dai quali ho imparato molto. Un grazie speciale ai piccoli e meno piccoli che nel corso dei tanti anni della mia esperienza lavorativa hanno contribuito ad approfondire la mia formazione e mi hanno dato tanto senza saperlo.

Tata Renata

Grazie di cuore alla mia famiglia: mia madre Loretta, mio padre Franco, mio fratello Roberto e il mio Amore Mauro, che con il loro affetto e sostegno sono riusciti a rendere la mia vita semplicemente meravigliosa. Ringrazio la dott.ssa Angela Poeta, mio mentore, alla quale sarò sempre riconoscente per avermi fatto scoprire la bellezza dell'infanzia; il dottore di ricerca in studi comportamentali, prof. Matteo Colleoni, che mi ha sostenuto e aiutato in questo importante progetto professionale; la dott.ssa Antonella Pendezzini, che mi ha dato la possibilità di "sperimentarmi" e di allargare i miei orizzonti; il dott. Massimo Moretti, che ha creduto in me e mi ha offerto l'opportunità di avvicinarmi a un nuovo mondo, quello dei bambini "in difficoltà"; tutto lo staff coinvolto nel progetto sociale *Inter Campus* perché grazie alla loro passione e dedizione ridanno il sorriso a molti bambini; il dott. Gianni Villa che da sempre sostiene e condivide i miei progetti nel settore dell'infanzia; i miei fantastici nonni che hanno contribuito a rendere serena la mia infanzia; la zia Clelia che mi ha trasmesso la passione e la gioia per l'insegnamento; l'avv. Emanuele Cortesi e il dott. Lauro Montanelli per il prezioso sostegno; l'amico Giovanni Ghidelli del comitato umanitario *Casari onlus*; l'insegnante Annamaria Gualandris che mi ha permesso di attingere dalla sua competenza e di arricchire il mio percorso professionale; ringrazio Daniela De Rosa, Marco Ghezzi, Anna Leoncino e Mita Gironda per l'accoglienza nella casa editrice Kowalski e per aver contribuito a rendere significativo questo progetto; un sentito ringraziamento va a Magnolia per avermi concesso l'opportunità di partecipare alla trasmissione *S.O.S. Tata*.

Infine un ringraziamento particolare va ai veri protagonisti di ogni mio progetto: a tutti i miei bambini, che si sono affidati a me, ai miei insegnamenti, e mi hanno consentito di crescere insieme a loro.

Tata Francesca

I nostri consigli di lettura

Frank R. Ascione, *Bambini e animali*, Cosmopolis, Torino 2007.

Emma Baumgartner, *Il gioco dei bambini*, Carocci, Roma 2002.

Bruno Bettelheim, *Un genitore quasi perfetto*, Feltrinelli, Milano 2002.

Giovanni Bollea, *Genitori grandi maestri di felicità*, Feltrinelli, Milano 2005.

Giovanni Bollea, *Le madri non sbagliano mai*, Feltrinelli, Milano 2003.

Luigia Camaioni, *La prima infanzia*, Il Mulino, Bologna 1996.

Luigia Camaioni (a cura di), *Sviluppo del linguaggio e interazione sociale*, Il Mulino, Bologna 1978.

Matteo Colleoni, *I tempi sociali. Teorie e strumenti di analisi*, Carocci, Roma 2004.

Matteo Colleoni (a cura di), *Per-correre la vita. Autonomia e mobilità delle persone disabili*, Franco Angeli, Milano 2008.

Paolo Crepet, *Non siamo capaci di ascoltarli. Riflessioni sull'infanzia e l'adolescenza*, Einaudi, Torino 2001.

Isabelle Filliozat, *Le emozioni dei bambini*, Piemme, Casale Monferrato 2001.

Howard Gardner, *Formae mentis. Saggio sulla pluralità dell'intelligenza*, Feltrinelli, Milano 1987.

Daniel Goleman, *Intelligenza emotiva*, Rizzoli, Milano 1996.
Thomas Gordon, *Genitori efficaci*, La Meridiana, Molfetta 1994.
Thomas Gordon, *Né con le buone né con le cattive*, La Meridiana, Molfetta 2001.
Judith Rich Harris, *Non è colpa dei genitori*, Mondadori, Milano 1999.
Yvonne Jansen-Schulze, *Massaggio ayurvedico per il bebè*, Urra-Apogeo, Milano 2008.
Susan Jeffers, *Conosci le tue paure e vincile*, Mondadori, Milano 1994.
Nessia Laniado, *Bambini gelosi*, Red Edizioni, Milano 2002.
Robin Lim, *Dopo la nascita del bambino*, Urra-Apogeo, Milano 2007.
Raffaele Mantegazza, *Educare con gli animali*, Meltemi, Roma 2002.
Annamaria Manzoni, *Noi abbiamo un sogno*, Bompiani, Milano 2006.
Alba Marcoli, *Il bambino arrabbiato*, Mondadori, Milano 2000.
Alba Marcoli, *Il bambino nascosto*, Mondadori, Milano 1993.
Alba Marcoli, *Il bambino perduto e ritrovato*, Mondadori, Milano 1999.
Samy Molcho, *La mimica dei bambini*, Urra-Apogeo, Milano 2006.
Daniele Novara, Luigi Regoliosi, *I bulli non sanno litigare!*, Carocci Editore, Roma 2003.
Christiane Northrup, *Madri e figlie*, Urra-Apogeo, Milano 2006.
Anna Oliverio Ferraris, *Crescere. Genitori e figli di fronte al cambiamento*, Raffaello Cortina, Milano 1992.
Anna Oliverio Ferraris, *Dai figli non si divorzia*, Rizzoli, Milano 2005.
Anna Oliverio Ferraris, *Il terzo genitore. Vivere con i figli dell'altro*, Raffaello Cortina, Milano 1997.
Anna Oliverio Ferraris, *Le domande dei bambini*, BUR, Milano 2003.

Anna Oliverio Ferraris, *Piccoli bulli crescono*, BUR, Milano 2008.

Anna Oliverio Ferraris, *Tv per un figlio*, Laterza, Roma-Bari 2004.

Asha Phillips, *I no che aiutano a crescere*, Feltrinelli, Milano 2000.

Jean Piaget, *Il linguaggio e il pensiero del fanciullo*, Giunti e Barbera, Firenze 1962.

Jean Piaget, *La formazione del simbolo nel bambino*, La Nuova Italia, Firenze 1972.

Gustavo Pietropolli Charmet, *I nuovi adolescenti*, Raffaello Cortina, Milano 2000.

Nicole Prieur, Isabelle Gravillon, *Finitela di litigare!*, EGA, Torino 2007.

Raffaella Scalisi, *La gelosia tra fratelli*, Franco Angeli, Milano 2008.

Verena Schmid, *Venire al mondo e dare alla luce*, Urra-Apogeo, Milano 2005.

Nan Silver, *L'amore intelligente*, Tea, Milano 2006.

Alan Sroufe, *Lo sviluppo delle emozioni. I primi anni di vita*, Raffaello Cortina, Milano 2000.

Ingeborg Stadelmann, *Accogliere una nuova vita*, Urra-Apogeo, Milano 2007.

Margot Sunderland, *Aiutare i bambini a superare ansie e ossessioni*, Erickson, Trento 2008.

Margot Sunderland, *Aiutare i bambini che hanno paura*, Erickson, Trento 2006.

Margot Sunderland, *Aiutare i bambini che temono di non essere amati*, Erickson, Trento 2007.

Margot Sunderland, *Aiutare i bambini con poca autostima*, Erickson, Trento 2006.

Margot Sunderland, *Aiutare i bambini pieni di rabbia e odio*, Erickson, Trento 2005.

Giuliana Ukmar, *Se mi vuoi bene, dimmi di no*, Franco Angeli, Milano 2008.

Bruno Vedovati, Matteo Colleoni, *Impresa e famiglia*, Carocci, Roma 1999.

Silvia Vegetti Finzi, Anna M. Battistin, *A piccoli passi*, Mondadori, Milano 1997.

Silvia Vegetti Finzi, *Dialoga con le mamme*, Fabbri, Milano 2004.

Silvia Vegetti Finzi, Anna M. Battistin, *I bambini sono cambiati*, Mondadori, Milano 1997.

Silvia Vegetti Finzi, Anna M. Battistin, *L'età incerta. I nuovi adolescenti*, Mondadori, Milano 2001.